Wolfram
Zurhorst

Der
Beziehungs-
Retter

arkana

Wolfram
Zurhorst

Der
Beziehungs-
Retter

WIE SIE EINFACH
ÜBERRASCHENDE
LÖSUNGEN FINDEN

Unter Mitarbeit
von Tatjana Blobel

arkana

Verlagsgruppe Random House FSC© N001967
Das für dieses Buch verwendete FSC©-zertifizierte Papier
Munken Premium Cream liefert
Arctic Paper Munkedals AB, Schweden.

1. Auflage

Originalausgabe

© 2014 Arkana Verlag, München,

in der Verlagsgruppe Random House GmbH

Lektorat: Daniela Weise

Satz: Ortrud Müller, Die Buchmacher –

Atelier für Buchgestaltung, Köln

Umschlaggestaltung: Uno Werbeagentur, München

Umschlagmotiv: FinePic®, München

Autorenfoto: Reto Klar

Druck und Bindung: GGP Media GmbH, Pößneck

Printed in Germany

ISBN 978-3-442-34153-5

www.arkana-verlag.de

Für Corinna, Georg
und die Kinder

Sich zeigen, probieren,
dabeibleiben und Fehler machen.

Ein guter Weg,
die Liebe zu finden.

Inhalt

Vorwort

Weichei oder Mann?
von Sabrina Fox

Wolfram ist ein Mann-Mann. Wenn er einen Raum betritt, dann ist er da. Unübersehbar. Sein Lachen ist herzlich, sein Humor berühmt. Er kann seine Frau und Getränkekisten tragen. Er sieht nach Holzfällen aus. Ich habe ihn zwar nie Holz fällen gesehen, aber ich bin mir sicher, er könnte es. Er hat weder Haare auf dem Kopf noch welche auf den Zähnen. Er geht wie ein Mann. Redet wie ein Mann. Bewegt sich wie ein Mann.

Als er mir erzählte, dass seine Freunde früher die Sorge hatten, dass er ein Weichei wird, musste ich schallend lachen. Ich konnte es kaum glauben. Wolfram?! Ein Weichei?!

Ich kenne Wolfram und seine Frau Eva-Maria seit ein paar Jahren. Zuvor wussten wir zwar voneinander – die beiden Bestseller-Autoren und erfolgreichen Beziehungsberater waren als Dozenten öfter bei denselben Veranstaltungen eingeladen wie ich. Wirklich angenähert hatten wir uns aber nie, obwohl wir uns sympathisch waren.

Mittlerweile haben wir Urlaube miteinander verbracht, unsere Herzen füreinander aufgemacht, uns ausgetauscht über das, was uns berührt und was uns herausfordert, und eine Nähe entdeckt, die sich normalerweise erst nach vielen Jahren einstellt.

In unserem letzten Urlaub erzählte mir Wolfram von seinem früheren Leben. Er war Manager in führenden Unternehmen der Textilbranche. Seit ein paar Jahren verheiratet mit Eva und Vater einer entzückenden Tochter. Ein nach außen orientierter Mann. Er arbeitete viel, war beruflich häufig auf Reisen, ließ keine Party aus, flirtete ein bisschen und lebte glücklich sein Leben. Auftauchende Gedanken, dass die Ehe mit Eva vielleicht doch nicht so war, wie er es sich gewünscht hätte, schob er beiseite. Er hatte doch alles: Erfolg, Familie und ... genug Freiheit.

Die erste Krise kam (Geliebte), dann die zweite (Kündigung), und er stand vor den Scherben seines bisherigen Lebens. Die wollte er so schnell wie möglich wegräumen und einfach nahtlos weitermachen wie gehabt.

Das gibt es häufig. Manchmal klappt es, dann wieder nicht. Wenn es klappt, dann nur für kurze Zeit. Bis zum nächsten Drama, bis zum nächsten Scherbenhaufen.

Doch zum Glück für Wolfram ließ sich das neue/alte Leben nicht so einfach wieder aufbauen. Seine Frau Eva hatte sich verändert und in diesem Prozess einiges dazugelernt, und so ließ sich das gewohnte Leben nicht mehr fortsetzen. Die Dynamik der Ehe hatte sich gewandelt. Unter anderem wollte Eva ihren Worten jetzt auch Taten folgen lassen und sich auf eigene Füße stellen.

Wolfram erzählte mir, wie er sich damals fühlte: Panisch. Einsam. Verlassen. Doch das ließ er sich nicht anmerken. Vor seiner Frau und vor seiner Umwelt setzte er eine Maske auf und tat so, als hätte er alles unter Kontrolle. Nach außen gab er weiter den Strahlemann. Als wir darüber redeten, saß Eva daneben und lächelte. Beide berührten einander an den Händen und schauten sich dankbar an. Diese Nähe hatte es vorher so bestimmt nicht gegeben.

Damals wollte Wolfram die Gefühle des Versagens und der Unzulänglichkeit loswerden und deckte sie mit »Das-wird-schon-wieder!«-Ausrufen und hektischem Jobsuchen und Organisieren zu. Nur um nicht nachdenken zu müssen. Er war doch schließlich ein Mann! Richtige Männer schaffen so etwas! Und zwar ohne fremde Hilfe!

Vor nicht allzu langer Zeit ein verbreitetes Männerbild: der Cowboy, der sich, allein mit seinem Pferd in der wilden Natur, eine Zigarette anzündet, ohne jede Angst vor der Einsamkeit oder dem Lungenkrebs. Wollten nicht alle Männer so sein? Und war so ein Mann nicht der Traum vieler Frauen?

Was hätten wir wohl gesagt, wenn der Cowboy, statt sich eine Zigarette anzuzünden, nach seiner Frau gerufen hätte? Wir hätten uns verächtlich abgewendet. So ein Feigling! Der ruft nach seiner Frau wie ein Kind. Pah! Und: Wollten wir Frauen überhaupt, dass der Cowboy nach uns ruft? Sollte er uns nicht viel lieber auf seinen Sattel heben und mit uns in die heile Welt reiten?

Schwäche zeigen – eine der größten Mutproben für Männer. Und übrigens auch für Frauen.

1999 beschritt Wolfram den Weg von einem nach außen orientierten Mann zu einem nach innen orientierten Mann. Dazu gehörte auch der Blick auf seine Ehe. Und zu seiner Frau. Er, der immer alles irgendwie geschafft hatte, musste sich eingestehen, dass es gerade jetzt allein nicht ging.

Das war dasselbe Jahr, in dem seine Freunde befürchteten, dass er zum Weichei würde. Bisher hatte Wolfram immer alles mit sich selbst ausgemacht. Plötzlich erklärte er seinen Kumpels, dass er sich erst mal mit seiner Frau besprechen wolle. Auf Partys und Gesellschaften war er immer der Letzte gewesen. Auf einmal wollte er das Wochenende zu Hause mit seiner Frau und seiner Tochter verbringen. Was war denn nur mit Wolfram los? War der Cowboy unter den Pantoffel gerutscht? Wurde er vielleicht gar zum Frauenversteher?

Wolfram erzählte mir, er sei anfangs oft nur seiner Frau gefolgt. Sie schien zu wissen, wo es langging. Nach und nach fand er seinen eigenen Weg. Und als Paar versuchten sie, miteinander eine wirkliche Ehe zu führen.

All das war nicht einfach. Das ist es nie. Selbsterkenntnis, Wahrheit, Nähe ... wer von uns hat das wirklich gelernt? Viele von uns sind Kinder oder Enkelkinder der Kriegsgeneration und haben damit das »Durchhalten-und-nur-nichts-anmerken-lassen«-Gen von unseren Eltern und Großeltern erhalten.

Es gibt immer mal wieder Beziehungs- oder Eheberaterpaare, die nach außen eine glückliche Beziehung vorspielen und bei denen es hinter verschlossenen Türen alles andere als harmonisch zugeht. Das ist bei den Zurhorsts nicht so. Deren Nähe, deren Aufmerksamkeit, deren Liebe rühren mich an, vor allem deshalb, weil sie nach fast zwanzig Jahren Ehe immer noch vorhanden sind. Ursprünglich war das keine Bilderbuchehe, keine Ehe ohne Probleme – sonst wären sie ja auch keine Beziehungsexperten geworden. Diese Ehe ist gewachsen und wächst immer noch.

Ich war zweimal verheiratet und einmal verlobt. Auch jetzt bin ich wieder mit jemandem zusammen. Ich habe von meinen Beziehungen gelernt. Das kann ich an deren Reifegrad feststellen. Ich glaube, wir ziehen uns auf gleichem Niveau an. Und dann liegt es an uns, uns weiterzuentwickeln. Die Ehe bzw. die Beziehung ist eine Meisterklasse. Durch sie erkennen wir, wo wir stehen. Wie wir mit Herausforderungen umgehen. Wie wir Nähe zulassen oder ablehnen. Wie ehrlich und wahrhaftig wir sind. Gibt es da Nähe, Vertrautheit, Wärme? Oder teilen wir unsere innersten Gedanken nicht mit unserem Partner, sondern mit unserer besten Freundin?

Ich schreibe spirituelle Bücher, und oft fragen mich Frauen – interessanterweise fast immer nur Frauen –, wann denn der richtige Zeitpunkt sei, eine Beziehung zu beenden. Wenn ich dann zurückfrage, ob ihr Mann oder Partner denn von diesen Überlegungen wisse, schütteln viele den Kopf: »Natürlich weiß er, dass ich nicht glücklich bin, aber sonst ...« Ich, eine wildfremde Frau, weiß also mehr über den Stand ihrer Ehe als der Mann. Ist das in Ordnung?

Wenn ich das sage, sehe ich bei den Frauen häufig ein

Aufblitzen, eine Erkenntnis. Ja, das stimme. Aber was jetzt? Was bedeutet das? Wie geht das eigentlich, dem Partner gegenüber ehrlich zu sein? Ihm die innersten Gefühle wirklich mitzuteilen? Das ist doch gar nicht möglich! Was, wenn er mich sofort verlässt? Was, wenn ich ihn dadurch in tiefe Traurigkeit stürze? Was, wenn sich etwas verändern muss?

Dieses Buch möchte genau hier ansetzen. Die Herausforderungen zu verstehen und dann die nötige Öffnung einzuleiten – das ist Wolframs Wunsch. Die Zurhorsts haben in ihrer Praxis immer wieder gesehen, wie wenig Wahrheit und Wahrhaftigkeit zwischen den Partnern besteht, und es ist ihnen ein großes Anliegen, diese Sprachlosigkeit aufzuweichen. Verständnis füreinander zu vermitteln ist ein essenzieller Teil ihrer Arbeit.

Ist Wolfram ein Frauenversteher geworden? Ja. Er ist auch ein Männerversteher, und das ist er nur, weil er angefangen hat, sich selbst zu verstehen. Aber eines ist er auf gar keinen Fall: ein Weichei.

Es erfordert Mut, wahrhaftig zu sein. Zu sich selbst. Zu anderen. In einer Ehe. Es ist möglich. Selbst dann noch, wenn eigentlich keiner mehr so recht daran glaubt. Die Zurhorsts haben es geschafft, und sie schaffen es jeden Tag neu. Denn das ist es, was eine lebendige Ehe, eine lebendige Beziehung ausmacht: sich gegenseitig immer wieder neu zu sehen und neu zu erleben, sich immer wieder dem anderen mitzuteilen. Die Wahrhaftigkeit erschafft uns Liebe, Nähe und Freiheit. Wenn wir uns nur trauen.

Wie gesagt: Dazu braucht es Mut ...
Viel Erfolg!

Von Herzen
Sabrina Fox

Prolog

Gute Unterhaltung – schlechte Verbindung

Sie: »Ich muss mal.«

Er: »Das kann nicht sein!«

Ein vertrautes Paar auf der Autobahn.

Sie: »Kannst du mal halten?«

Er: »Wieso?«

Sie: »Ich muss mal.«

Er: »Das kann nicht sein!«

Sie: »Doch. Ich muss aufs Klo.«

Er: »Aber du warst doch gerade?!«

Sie: »Gerade? Das war vor ein paar Stunden.«

Er: »Wir sind doch gleich da.«

10 Minuten später.

Sie: »Hier war ein Parkplatz.«

Er: »Wofür?«

Sie: »Ich muss aufs Klooo!!«

Er: »Wenn wir jetzt halten, dann kommen wir in den Stau und sind am Ende zu spät dran.«

Sie: »Ich muss aber jetzt!«

Er: »Mit deiner Blase stimmt was nicht.«

Sie: »Mit dir stimmt was nicht! Ich muss aufs Klo! Warum kannst du nicht einfach anhalten?«

Er: »Weil wir gleich da sind. Die paar Minuten wirst du es doch wohl noch aushalten.«

Sie: »Nein. Hier ist schon wieder eine Ausfahrt.«

Er: »Wir nehmen die nächste.«

Einleitung

Wenn Paare bei mir landen, sehen sie meist keinen anderen Ausweg mehr als eine Trennung. Spreche ich dann während des Coachings mit jedem allein und mit beiden zusammen, habe ich oft das Gefühl, hier wollen sich zwei trennen, die weder sich selbst noch den anderen überhaupt kennen. Hier wollen sich zwei scheiden lassen, deren Ehe noch gar nicht richtig begonnen hat.

Da sind zwei vielleicht schon viele Jahre miteinander verheiratet, sitzen aber verhärtet oder innerlich voneinander entfernt wie zwei Fremde vor mir. Wissen nicht wirklich, wer der andere ist, was er braucht und was er fühlt. Eigentlich wollten sie ein Paar sein, haben aber nicht selten bereits vor Jahren kapituliert und die Verbindung zueinander verloren.

Da kaum jemand von uns im Laufe des Heranreifens etwas wirklich Brauchbares über Ehe und Partnerschaft gelernt hat, stehen unzählige Paare hilflos davor, wie sich über die Jahre des Zusammenseins nicht etwa die Liebe und blindes gegenseitiges Verstehen vertiefen, sondern wie sich Sprachlosigkeit und Distanz einschleichen.

Antworten und Auswege

Dieses Buch soll Ihnen mit seinen kurzweiligen Geschichten aus dem Beziehungsalltag von Paaren Auswege aus den wichtigsten Beziehungsfallen zeigen. Ihnen helfen, Missverständnisse zu entlarven und mit Ihrem Partner eine neue, vielleicht noch nie dagewesene Nähe zu entdecken, und Ihnen zeigen, wie Sie beide mit schwierigen Themen besser umgehen können. Es soll Ihnen konkrete, im Alltag umsetzbare Antworten geben und Ihnen eine Anleitung für die Kommunikation in der Partnerschaft bieten, um schwerwiegende Missverständnisse gar nicht erst aufkommen zu lassen, sondern dem Konflikt bereits im Entstehen den Wind aus den Segeln zu nehmen.

Dazu habe ich hier einige prägnante Fälle aus meiner Praxis zusammengetragen und Männer wie Frauen jeweils zum gleichen Thema zu Wort kommen lassen. Ich bin mir sicher, jedes Paar – erst recht die langjährigen – findet sich in der einen oder anderen Fallgeschichte wieder und kann kleine und große Aha-Erlebnisse haben, erst recht beim Umsetzen der neuen Erkenntnisse im Alltag. Und wer nicht will, muss auch gar nicht alles von vorne bis hinten durchlesen. Sie können sich die für Sie interessanten Kapitel raussuchen und sich mit dem beschäftigen, was Sie gerade interessiert und weiterbringt.

Basis für ein erfülltes Leben

Machen Sie sich keine Sorgen: Wenn es zwischen Ihnen und Ihrem Partner, Ihrer Partnerin knirscht, so bedeutet das nicht, dass in Ihrer Beziehung etwas Grundlegendes nicht stimmt. Aber es braucht die Bereitschaft, von alten Überzeugungen loszulassen, und Mut, etwas Neues zu wagen. Und am Anfang muss mindestens einer – später beide – bereit sein, die Partnerschaft auf Platz eins zu setzen. Vor die Freunde, den Job, die Kinder, die Hobbys und die Herkunftsfamilien. Beziehung auf Platz eins klingt vielleicht gerade für manchen Mann nicht nachvollziehbar bzw. nicht machbar. Ist es aber. Wenn Sie Ihre Beziehung auf Platz eins stellen, werden alle anderen Bereiche davon profitieren. Denn aus meiner Erfahrung ist Beziehung die Kraft spendende Basis für alles andere in unserem Leben.

Wenn ich als Mann heute eine Gewinn-und-Verlust-Rechnung für das »Unternehmen« Ehe aufstellen sollte, gäbe es deutliche Gewinnüberschüsse. Ich bin mittlerweile davon überzeugt: Eine erfüllende Partnerschaft kann ein ganzes Leben verwandeln und extrem bereichern. Eine langfristige Beziehung, die im Alltag besteht und in der sich zwei Menschen einem gemeinsamen Weg und jeder individuell seiner persönlichen Entwicklung verschreiben – das ist aus meiner Erfahrung das größte Abenteuer des Lebens.

Nach mittlerweile fast zwanzig Jahren Ehe bin ich immer noch überwältigt, welch unvorstellbare Kraft durch die kontinuierliche Annäherung zwischen meiner Frau und mir in alle anderen Lebensbereiche ausstrahlt. Wer unsere Geschichte ein wenig kennt, weiß, dass unsere Ehe auch eine ziemlich herausfordernde und hoffnungslos scheinende Phase hatte. Und das fast von Anfang an. Wir haben viel gestritten, hatten kaum Gemeinsamkeiten. Meine Frau war oft unzufrieden und ich irgendwann am liebsten weg.

Und heute? Da gibt es nach wie vor immer wieder Herausforderungen – doch wir wissen längst, dass sie dazu da sind, uns zum Wachsen anzuregen und uns zu öffnen. Heute ist unsere Beziehung das Fundament für alle anderen Bereiche in meinem Leben. So wie sie an Kontur, Stimmigkeit und Nähe gewinnt, so wachsen meine

Strahlkraft, meine Kreativität, meine Interessen, meine Sensibilität und meine Lebensfreude.

Selbsterkenntnis durch Partnerschaft

Das Faszinierende ist: In einer sich entwickelnden Beziehung entwickelt man sich selbst. Das Eigenprofil wird immer klarer, einfach weil man lernt, sich zu stellen, sich auszuprobieren, sich zu hinterfragen, sich einzulassen und sich abzugrenzen. Man kann sich nicht selbst beschummeln. Der andere ist das Korrektiv. Durch die Auseinandersetzung mit mir und meiner Frau bin ich heute jemand, der sich gut kennt.

»Und was bringt es, sich selbst gut zu kennen?«, fragen sich vielleicht gerade die Männer. Einer, der sich kennt, hat einfach weniger Angst. Er weiß, was er kann. Aber er weiß auch, was er nicht kann. Deshalb muss er sich und anderen nichts vormachen.

Wenn Sie Ihre Beziehung auf eine neue Ebene heben wollen und aus Sprachlosigkeit, Langeweile und Verhärtung einen Ausweg suchen, dann benötigen Sie höchstwahrscheinlich nicht einen neuen Partner, sondern vielmehr Selbstkenntnis sowie Klarheit über das, was unterschwellig zwischen Ihnen und Ihrem Partner geschieht. Bevor Sie resigniert gehen, sollten Sie Mut zur

Wahrheit aufbringen. Und bevor Sie sich Knall auf Fall trennen, ist vielleicht erst einmal ein systematisches Training im Neinsagen und Grenzensetzen angebracht.

Mann und Frau treffen in Beziehungen immer wieder aufeinander wie gleichpolige Magneten: Der eine will eigentlich etwas Gutes, jagt aber gerade damit den anderen in die Flucht. Der eine tut etwas, das zu ihm gehört, und der andere versteht es als Ablehnung oder Angriff. So bin ich dann oft eine Art Übersetzer zwischen Mann und Frau. Bringe die Kommunikation wieder in Gang, öffne Räume für gegenseitiges Verstehen, bis der magische Aha-Moment zwischen den beiden kommt: »Ach, so hast du das gemeint!«

Dann sind auf einmal eine neue Verbindung, Annäherung, Verzeihen möglich. Plötzlich entlädt sich alles in einem tiefen Seufzer oder in Tränen. Wenn die Schleuse erst mal geöffnet ist, kann eine Beziehung wieder Fahrt aufnehmen und an Nähe und Lebendigkeit gewinnen, können sich zwei wieder liebevoll in die Augen schauen.

»Ach, so hast du das gemeint!« Vielleicht ist diese Erkenntnis ja auch für Sie der Anfang einer neuen Verbindung in einer alten Beziehung ...

Abenteuer oder Alltag?

Er: »Ich kann hier nicht der sein, der ich eigentlich bin.«
Sie: »Ich stecke immer zurück.«

Der Mann betritt, gefolgt von seiner Frau, dynamisch das Zimmer und schüttelt mir mit festem Druck die Hand. Als ich ihn frage, ob er anfangen möchte, erzählt er sofort, redegewandt, in der Manier: mein Haus, mein Boot, mein Pferd ... Ganz offensichtlich ist er beruflich nicht ohne Erfolg. Seine Frau rutscht unruhig auf dem Sessel hin und her, bis sie schließlich dazwischengeht: Über diesen Mann da draußen wolle sie nicht reden, sondern über den, mit dem sie verheiratet sei.

»Zu Hause ist er nämlich nicht mehr als eine leere Hülle. Entweder sitzt er bei uns am Abendbrottisch und ist innerlich noch im Büro oder sonstwo. Oder er ist die ganze Zeit auf dem Sprung wie ein gehetztes Tier. Auch wenn er gerade erst nach Hause gekommen ist, hat man das Gefühl, eigentlich will er am liebsten gleich wieder weg. Egal ob an den Computer, aufs Rad, in den Job oder zu irgendeiner Verabredung – Hauptsache weg!« Die Frau ist sichtlich von ihrem Mann enttäuscht. »Ich glaube, keiner da draußen um ihn herum kann sich auch nur ansatzweise vorstellen, wer er ist, wenn zu Hause die Luft aus ihm raus ist.«

Zwei Seelen in der Brust

So oft kommen Männer zu mir, deren Leben scheinbar perfekt ist. Frau. Kinder. Das Haus gebaut. Der Job in festen Bahnen, die Altersversorgung gesichert. Im Club ist der Mann ein anerkanntes Mitglied. Eigentlich müsste er zufrieden sein. Aber da kämpfen zwei Seelen in seiner Brust. Auf der einen Seite ist er zufrieden, dass die Lebensplanung aufgegangen und alles niet- und nagelfest ist. Er ist bereit, Verantwortung zu übernehmen, Sicherheit zu bieten und für die Familie da zu sein. Mit seiner Frau bildet er ein eingespieltes Team, und gemeinsam sind sie stolz auf das, was sie erreicht haben.

Aber dann sitzt der Mann abends neben dieser Frau auf der Couch und wird unruhig. Denn da ist noch dieser andere Mann in ihm, der sich in dem komfortablen, perfekten Heim wie ein Gefangener fühlt. Dem das alles zu eng wird. Der Herausforderungen sucht, dem kein Berg zu hoch ist, der nicht lange fackelt, sondern auch mal Gas gibt und etwas wagt. Der sich weiterentwickeln möchte und sich nach mehr Unabhängigkeit sehnt. Der Abenteurer.

Der Mann mir gegenüber schaut jetzt nicht mehr forsch und geschäftig, sondern sichtlich berührt, als ich von diesem Abenteurer rede.

»Stimmt! So klar hätte ich das nicht ausdrücken können. Mir schnürt es zu Hause einfach die Luft ab. Überall warten Herausforderungen auf mich.«

Wie so viele Männer hat auch er das Gefühl, dass es für seine Lebendigkeit und Kraft daheim keinen Platz gibt.

Seine Frau scheint das anders zu sehen: »Das ist doch verrückt. Glaubst du wirklich, dass ich diese leere Hülle will? Ich würde mir wünschen, dass du zu Hause mal was Spannendes wagst und irgendwas Interessantes in unser gemeinsames Leben bringst!«

Wenn Sie als Mann das Gefühl haben, dass es für den Abenteurer in Ihnen in den eigenen vier Wänden keinen Platz gibt, sollten Sie sich unbedingt einmal fragen, ob das wirklich wahr ist. Oder ob Sie es vielleicht selbst sind, der diese Seite in sich aus den Augen verloren hat. Kann es sein, dass Sie selbst ihn schon seit geraumer Zeit wie automatisiert jedes Mal vor der Tür stehen lassen, wenn Sie abends nach Hause kommen? Glauben Sie vielleicht unterschwellig, dass dieser Mann auf dieser Couch, bei dieser Frau, in diesem Alltag nichts zu suchen hat? Dass er nicht hierher in die heile, strukturierte, sichere Welt gehört, wo Menschen, die Ihnen nah sind, Erwartungen an Sie stellen, wo es Pflichten und Routine gibt?

In unserem Gespräch wird dem Mann klar, dass er einen Teil von sich zu Hause jahrelang verleugnet hat.

Seine Frau wird stiller. »Ich wollte das nie. Er hat sich selbst an der Garderobe abgegeben, wenn er nach Hause gekommen ist. Manchmal war ich regelrecht neidisch, wenn ich ihn mit seinen Freunden so ausgelassen lachen sah.«

Dem Mann wird langsam bewusst, wie sehr er sich in zwei Teile dividiert hat. »Ich hatte eigentlich immer nur so ein diffuses Gefühl, zu Hause nicht richtig runterzukommen. Irgendwie fühlte ich mich angetrieben und musste immer etwas erledigen.«

Kennen Sie das auch, zu Hause unruhig zu werden und eigentlich immer etwas Wichtigeres zu tun zu haben? Oder haben Sie sich mit den getrennten Welten abgefunden? Legen Sie schon ganz selbstverständlich den Schalter um, wenn Sie die Haustür von außen hinter sich zumachen? Sind dann plötzlich lebendig, finden abends kein Ende umd flirten gern?

Ich frage den Mann ganz direkt: »Warum trauen Sie sich

nicht, Ihre Lust auf Abenteuer und Ihre Lebendigkeit in die Familie zu tragen? Haben Sie je darüber nachgedacht, dass dieses Leben für Ihre Frau genauso wenig erfüllend ist wie für Sie? Dass sie Sehnsucht hat nach diesem anderen Mann? Haben Sie sich je gefragt, was passieren würde, wenn Sie den anderen Mann mit nach Hause brächten? Ihn Ihrer Familie mal vorstellen würden? Er Ihrer Frau gestehen würde, dass ihn das alles schon lange nicht mehr ausfüllt? Wenn dieser Mann sie überraschen und wachrütteln würde? Den Trott in Frage stellen würde? Sich zu Hause mit neuen Ideen und neuer Aufmerksamkeit einbringen würde? Wovor haben Sie Angst? Vor Auseinandersetzung und Disharmonie? Davor, auf Unverständnis und Desinteresse zu stoßen? Oder davor, dass Ihre Frau gar nicht richtig mit dem Mann in Ihnen umgehen kann?«

Der Mann erkennt, dass er ein festes Bild von sich als Ehemann und Vater in sich trägt. Und dass er gar nicht weiß, wie er in seiner Partnerschaft wirklich er selbst sein kann.

Soll Leben nur draußen stattfinden?

Viele von uns haben nie etwas anderes kennengelernt, als zu Hause zu funktionieren. Haben Eltern erlebt, die sich ganz selbstverständlich in ihren vorgegebenen Rollen eingerichtet haben. Die beide ihre eigenen Sehnsüchte und Begabungen zurückgesteckt oder heimlich gelebt haben. Gefühle wurden kontrolliert, und die Kraft kam nur draußen im Beruf zum Einsatz. Viele haben Väter vor allem als abwesend erlebt und als Männer, von deren Leben da draußen sie wenig wussten. So haben sie ganz selbstverständlich verinnerlicht: Herausforderung, Lebendigkeit, Leidenschaft und Wachstum gehören nicht in die Familie. Zu Hause muss immer unauffällige Mittellage herrschen. Wildheit, Wut oder zärtliche Gefühle waren nicht erwünscht.

Funktionieren. Und einem bestimmten Bild entsprechen. Das war in vielen Familien oberste Priorität. Familie und Ehe waren meist keine Orte der Selbstverwirklichung. Kein Platz, an dem man sich gehen lassen und sein inneres Wesen zeigen konnte. Liebe und Bestätigung bekam der, der sich gut ins System einpasste.

Und heute haben die Männer nicht die geringste Ahnung, wie sie es anders machen könnten. Wie sie ihr eigenes System entwickeln, das dafür sorgt, dass Zuhausesein Spaß macht. Die Sehnsucht ist vielleicht da, aber ihnen fehlt die Erfahrung, sie auch konkret umzusetzen. Vielleicht war ihnen dieser Zusammenhang nicht mal klar. Vielleicht haben sie nur bemerkt, dass sie mit den

Jungs, beim Sport oder im Job einfach ein anderer sind – lässiger, cooler, mutiger, freier, lustiger. Vielleicht war es ihnen lediglich unangenehm, wenn ihre Frau wieder mal nach mehr Nähe, Zweisamkeit und Zärtlichkeit gerufen hat. Da kam dann sofort der Fluchtimpuls. Und weg waren sie ...

Dabei will ihre Frau doch nur eins: Sie will mehr an seinem Leben teilhaben. Den Mann wiederentdecken, in den sie sich damals verliebt hat. Frauen spüren die emotionalen Beziehungslöcher oft einfach nur früher als Männer und versuchen sie dann aktiv zu stopfen. Sie stellen fest, dass da alles Mögliche ausgeklammert wird, obwohl es immer noch in beiden schlummert. Aus diesem Grund werden viele Frauen zickig und nörgeln an ihren Männern herum. Weil sie an sie herankommen wollen. Manch eine Frau zieht sich auch komplett zurück. Auch das heißt nicht, dass sie ihren Mann nicht mehr will. Oft steckt dahinter die Angst vor Zurückweisung oder schlicht die Ohnmacht, ihn nicht mehr erreichen zu können.

Wenn Sie den »anderen Mann« in sich mit nach Hause bringen, dann besteht die Herausforderung nicht nur darin, dass Sie lebendig wie mit Ihren Freunden oder zielstrebig und waghalsig wie im Job da draußen sind, sondern auch darin, dass Sie bereit und in der Lage sind, Ihrer Frau und Ihren Kindern mit Engagement über deren Ängste und Grenzen hinwegzuhelfen. Da kommt vielleicht Ungeduld oder auch Scham ins Spiel. Das ist in Ordnung. Reden Sie einfach drüber.

Seien Sie sich sicher: Am Ende werden Ihre Frau und Ihre Kinder Ihnen danken, dass Sie den Laden aufgemischt und sich gezeigt haben. Und dass sie endlich an Ihrer Lebendigkeit teilhaben dürfen.

Das Risiko der Frauen

Die Frau ist sichtlich erleichtert, dass ihr Mann endlich einmal etwas genauer hingeschaut und auch ihr einen Blick hinter seine gewohnte Fassade gewährt hat. Zentner scheinen von ihren Schultern zu fallen. So lange habe sie zurückgesteckt und sich um die Kinder gekümmert. Gehofft, dass er endlich mal zu Hause ankommt. »Ich musste unser Beziehungs- und Gefühlsleben immer allein zusammenhalten.«

Ich frage sie, was sie sagen würde, wenn sie sich nicht länger anstrengen und zurückstecken würde: »Wären Sie ehrlich, müssten Sie dann nicht vielleicht zur ganzen Familie sagen: ›Macht doch euren Mist allein!‹?«

Eigentlich wissen die meisten Frauen, was ihnen fehlt und was ihnen guttut. Sie wissen auch, dass sie unzufrieden sind. Und müde. Sie verdrängen nicht so sehr wie ihre Männer, aber sie richten sich auch nicht konsequent nach ihren Gefühlen. Kaum kommt der Alltag, schon fahren sie wieder auf den gewohnten Gleisen. Dann ist ihnen die gute Stimmung doch wieder wichtiger als die Konsequenz, die es für eine Änderung bräuchte. Irgendwie trauen sie sich nicht loszulassen, ihre Bedürfnisse vor ihrem Mann und ihren Kindern zu zeigen und sie mit aller Klarheit zu vertreten.

Sie wirft ein: »Dann bin ich doch eine Egoistin!«

»Nein, Sie müssten dann ein Stück weit von Ihrem Beziehungs- und Familienideal abrücken, eine Zeit lang mit Widerstand umgehen, etwas mehr Chaos zulassen, sich mehr Spontanität und Lebendigkeit erlauben. Den anderen mehr abverlangen.«

Aber genau das, glauben die meisten Frauen, sei den anderen nicht zumutbar. Viele haben Angst davor, weniger geliebt zu werden. Wissen, wie leicht ihr Mann dichtmacht und sich zurückzieht, wenn ihm etwas gegen den Strich geht. Dieses Vakuum wollen sie nicht riskieren. Auch nicht, dass er sich verhärtet oder dass es Streit gibt. Und bei den Kindern plagt sie ständig das schlechte Gewissen, obwohl sie ahnen, dass deutlichere Grenzen längst überfällig sind. Es ist, als ob es ein »Selbstlose-Mutter-und-Ehefrau«-Gen in ihnen gibt, das sie immer wieder dazu bringt, sich den Bedürfnissen der anderen anzupassen und über die eigenen hinwegzutrampeln.

Doch warum? Weil sie es so gelernt haben. Weil ihnen selbstloses Verhalten von ihren Müttern vorgelebt wurde. Weil es als egoistisch gilt, gut für sich selbst zu sorgen. Weil es sicherer ist, sich um andere zu kümmern, anstatt für sich selbst einzustehen und dabei das Risiko einzugehen, unterwegs allein zu sein.

Die Balance zu finden zwischen dem liebevollen Umsorgen anderer und der Liebe zu den eigenen Bedürfnissen ist für viele Frauen schwer. Sich klar abzugrenzen und laut Nein zu sagen kommt jedes Mal einem Sprung vom Zehn-Meter-Brett gleich. Viele Frauen bleiben stecken in der Angst, die Liebe der anderen zu verlieren, wenn sie ihrem Herzen folgen und die eigenen Bedürfnisse mehr in den Mittelpunkt stellen. Sorgen sich um das, was geschieht, wenn sie nicht mehr dem Bild entsprechen, das die anderen von ihnen haben.

Auch wenn Sie als Frau das jetzt vielleicht nicht gern hören: Diese Rolle kann herrlich bequem sein, aber sie tut niemandem gut. Sie vermeiden genau die Konflikte, die Sie benötigen, um zu wachsen und Ihr Profil zu schärfen. Sie weichen aus, wenn Sie eigentlich herausgefordert sind, authentisch zu sein und gut für sich zu sorgen. Niemand wird wirklich dafür geliebt, dass er sich anpasst. Sie werden die Liebe erleben, wenn Sie sich lieben lassen für das, was Sie sind. Wenn Sie sich aufopfern, stärken Sie damit nicht etwa die anderen. Unbewusst schwächen Sie sich und die anderen. Denn Ihre unterschwellige Botschaft lautet: Du kannst das nicht ohne mich. Dafür liebt Sie keiner. Davon werden alle nur abhängig.

Für Ihren Partner ist es vielleicht vordergründig zunächst einmal bequem, wenn Sie sich zurücknehmen. Aber er hat so kein echtes Gegenüber und Sie keine respektvolle Wertschätzung. Als Mann sehnt er sich auf jeden Fall danach, Sie als Frau mit eigenem Profil zu erleben. Auch wenn er anfangs meckern sollte, weil es unbequem für ihn ist. Vielleicht wird er erst mal sauer, wenn Sie abends ab und an nicht da sind, sich nicht um die Kinder kümmern und auch das Essen nicht pünktlich auf dem Tisch steht, weil Sie gerade einer Sache nachgehen, die Ihnen wirklich wichtig ist.

Wenn Sie klar bleiben, wird er wahrscheinlich aufhorchen und neugierig hinterherschauen, wie Sie sich Zeit für Ihre neue Leidenschaft nehmen und die Begeisterung dafür auch fühlbar ausstrahlen. Vielleicht kommt er ja auch wieder in seinen Saft, wenn er erlebt, dass es Ihnen gerade gut geht, weil Sie etwas tun, das Ihnen Freude bereitet, das Sie lebendig macht und authentisch. Trauen Sie sich!

 ## MEIN TIPP FÜR IHN

Machen Sie alles, was Sie als Kind nie gelernt haben. Trauen Sie sich, Ihre Bedürfnisse in die Familie hineinzutragen. Zeigen Sie, wer Sie auch noch sein können. Bringen Sie Teile Ihrer Welt nach Hause und nehmen Sie Ihre Frau viel öfter mit in Ihre Welt. Da braucht es Geduld. Vielleicht kennt sie die gar nicht. Seien Sie bereit, sie heranzuführen. Auch mal kleine Schritte zu tun, selbst wenn Sie Vollgas geben könnten. Nehmen Sie ihr die Angst und die Vorbehalte, indem Sie ihr die Dinge erläutern und sie unterstützen. Und stehen Sie zu Ihren Gefühlen.

 ## MEIN TIPP FÜR SIE

Für Ihr Wachstum und Wohlbefinden und auch für das der anderen ist es wichtig, dass Sie Ihrem Mann und Ihren Kindern Grenzen setzen und zeigen: »Diese Zeit gehört jetzt nur mir allein. Ihr kommt auch dran, aber später. Das hier mach ich ab sofort nicht mehr. Da müsst ihr selber durch. Und das hier, das verbitte ich mir. Das tut mir nicht gut.«

Guter Sex geht nur gemeinsam

Er: »Das Ei war zuerst da!«
Sie: »Nein, es war das Huhn!«

»Eine Beziehung, die braucht doch Sexualität!«, sagt der Mann, kaum dass er bei mir in der Praxis sitzt. Dabei schaut er auf seine Frau, als ob er über ein unumstößliches Gesetz der Mathematik redet. »Muss nicht ein Paar dafür sorgen, dass es genügend Sexualität hat?«, fordert er von mir die Bestätigung dieses Gesetzes.

Die kann ich ihm geben und doch auch nicht. Sexualität ist wichtig und kann das Beste in einer Beziehung bewirken: Sie kann die beiden Partner entspannen und verbinden. Allerdings nur dann – und da komme ich jetzt um den Haken für den Mann nicht herum –, wenn beide sich innerlich nahe sind und sich nicht nur körperlich, sondern auch im Herzen berühren.

Da sagt er: »Ja ja, das kenne ich, das sagen die Frauen auch immer. Aber was war denn nun zuerst da? Das Huhn oder das Ei?«

Wenn die Beziehung in die Jahre kommt

Die Frauen merken es meist zuerst: Wenn in einer langjährigen Verbindung innerlich kein Kontakt zum Partner
mehr da ist, kein einfühlsames Nah-beim-anderen-Sein,
kein echter Austausch, dann verliert die Sexualität ihre
Kraft. Egal wie groß das Repertoire an Stellungen, wie
virtuos die Aktion, wie verführerisch die Fantasien sind –
der Sex bleibt schal, sein Nährwert gleicht dem von Treib-
haussalat. Frauen ziehen sich dann oft still und leise vom
Sex zurück, Männer versuchen es mit Pushen.

Was da vor sich geht, geschieht meist unmerklich, oft ist
sich weder der Mann noch die Frau dessen bewusst. Viele Frauen merken, dass es ihnen irgendwie keinen Spaß
mehr macht, dass sie nicht in ihre Lust kommen, dass sie
im Innersten unberührt bleiben. So verspannen sie sich
und fangen an auszuweichen. »Es ist ja nur noch körperlich«, denken sie und fühlen sich noch einsamer, noch
weiter entfernt von ihrem Partner.

Solche unangenehmen Gedanken und Gefühle drängt
frau häufig lieber weg. Und dann passiert es schnell, dass
sie dichtmacht und in Abwehr geht: »Der will ja immer nur
Sex, und das will ich nicht. Ich will etwas anderes.« Das ist
die Frauenfalle: den Sex – und subtil auch die Männer –
zu verurteilen. Die einen halten aus und machen äußer-

lich weiter mit, werden innerlich aber immer verhärteter. Die anderen ziehen sich vom Sex zurück, nicht selten von Schuldgefühlen begleitet.

Beides bringt es nicht! Denn Sex ist eine kostbare Quelle der Erfüllung. Und wer sich von dieser Quelle abschneidet, schadet sich selbst. Nirgendwo sonst kommen wir einem anderen Menschen so nahe. Wir können ein Gefühl von vollkommener Verbindung erleben. Beim Sex können wir uns ganz dem anderen öffnen, das Ego loslassen und in einem Einssein miteinander aufgehen.

Das ist der wahre Grund, warum alle Welt so scharf darauf ist, weshalb Sex so ein Riesenthema ist. Nicht wegen der Aktion an sich, sondern wegen des Loslassens und Aufgehens.

Bei Frauen besteht die Gefahr zu verkümmern, wenn sie diese Möglichkeit, loszulassen und im Einssein aufzugehen, nicht haben. Oft verurteilen sie Sex pauschal und leugnen ihr eigenes Bedürfnis danach. Sexualität ist gesund, entspannend, kann Spaß und ein Paar glücklich machen – es ist also für beide gut!

Zwischen Sprachlosigkeit und Streit

Die Frau sitzt sichtlich erleichtert in ihrem Sessel, nachdem ich mit ihrem Mann über meine Sicht von Sexualität gesprochen habe. Sie sagt, ihr sei selbst nicht so klar gewesen, was ihr eigentlich all die Jahre gefehlt habe. Sie weint. »Eigentlich liebe ich es, berührt zu werden. Wenn es so schön ist, dass man einfach Gänsehaut bekommt. Das ist herrlich! Aber schon lange ist bei uns alles nur noch Programm. Er fordert seinen Sex ein, und ich habe das Gefühl, mitmachen zu müssen, sonst wäre was nicht richtig. Aber es ist schon lange nicht mehr richtig so.« Zwischendurch habe sie immer mal versucht, mit ihm zu reden. Manchmal habe es dann Krach gegeben, und danach sei erst mal eine Zeit lang Ruhe mit dem Sex gewesen.

Sie schaut ihn an: »Da war ich endlich mal einigermaßen entspannt. Und dass im Bett dann nichts zwischen uns stattgefunden hat, spiegelte nur wider, was sonst zwischen uns war: Distanz!« Aber ohne Sex sei er irgendwann immer unleidlicher geworden. Sie hätten viel gestritten, und er habe nur lapidar gemeint: »Nö, also wenn wir keinen Sex mehr haben, dann geht hier gar nichts mehr.« Die Frau schaut resigniert: »Ich hatte dann die Wahl: Entweder halte ich aus, dass er launisch, unruhig und aggressiv wird. Oder er beharrt einfach auf seinem Sex, ohne mitzukriegen, wo ich eigentlich bin und was mit uns los ist.«

Für diese Frau ist Sex zum Alptraum geworden. Sie zweifelt an sich selbst, weiß sich keinen Rat mehr für ihre

Beziehung und ist bei mir, weil sie keinen anderen Ausweg als eine Trennung sieht. Vor allem weiß sie überhaupt nicht, wie sie ihrem Mann vermitteln soll, was ihr fehlt.

Ein neuer Weg

Aber mit ihr ist alles in Ordnung. Und mit ihrem Mann auch. Nur – wenn der Sex fehlt, wachsen Spannungen und Unzufriedenheit, nicht nur beim Mann, sondern auch bei der Frau. Wenn hingegen Körperlichkeit ohne Nähe praktiziert wird, dann sorgt jede körperliche Vereinigung für wachsenden unterschwelligen Widerstand und seelische Distanz. Ein Teufelskreis, aus dem nur mutige Offenheit herausführt.

Dieses Paar braucht einen neuen Weg.

Für den Mann ist es ganz wichtig, nicht mehr einfach auf Sex zu beharren. Er sollte auf seine Frau zugehen. Sie berühren und fragen, wie sich das anfühlt. Er muss einsehen, dass seine Frau nicht dazu da ist, ihn anzutörnen oder ihm für sein Bedürfnis nach Sex zur Verfügung zu stehen. Er muss lernen, sie zu öffnen.

Das kann er, wenn er erkennt, wo der Sex eigentlich seinen Ursprung hat – nämlich im Inneren. Was ihm so guttut, wenn er in Bewegung und in Fahrt, wenn er in seine Kraft kommt – das geschieht nicht durch Stellungen,

Reibung oder ausgefallene Ideen. Das kommt aus seinem Inneren. Es ist eine Quelle, an die man andocken kann, wenn man lernt, wirklich in sich hineinzufühlen, wenn man wirklich tief bei sich ist.

Und genau das ist es, worauf die Frauen hoffen. Sie öffnen sich, wenn sie innerlich – im Körper, im Herzen und in der Seele – berührt werden. Dann werden sie weich, freudvoll und lebendig. Wenn der Mann auf Dauer »guten Sex« will, dann sollte er den Mut finden, sich weiter für seine Gefühle, für das Seelische zu öffnen. Neugierig zu sein auf das, was sein gesamtes Innenleben ausmacht. Wenn er sich näherkommt, kommt er auch ihr näher.

Dazu braucht er sich nicht groß mit theoretischem Psychokram zu beschäftigen. Die körperliche Begegnung im Alltag ist dann seine Lehrerin: Wenn die Sexualität nicht erfüllt, wenn sie mechanisch und routiniert wird, wenn sie immer seltener stattfindet, dann ist es Zeit für den Mann, in sich hineinzuhorchen und bei der Frau nachzufragen: »Was ist hier los? Was geht dir ab? Was fehlt mir?« Und dann in der Zärtlichkeit und im Bett nichts mehr automatisiert einfach laufen zu lassen oder unbewusst dem Trieb nachzugehen – sondern ganz genau hineinzufühlen in den eigenen Körper und die eigenen Gefühle. Und dann öffnet sich auch wieder die Körperlichkeit. Für beide!

MEIN TIPP FÜR SIE

Natürlich sollen Sie sich nicht auf faule Kompromisse einlassen. Stattdessen sollten Sie versuchen herauszufinden, was Ihnen wirklich guttut. Den Mut haben, etwas Neues auszuprobieren und Ihren Mann mitzunehmen in eine neue Offenheit jenseits von äußeren Reizen. Das ist das Huhn.

MEIN TIPP FÜR IHN

Lernen Sie von den Frauen – auch oder gerade in Sachen Sex. Ich finde, Männer können gar nicht genug über Frauen wissen. Es ist an der Zeit, dass wir es cool finden sollten, Frauenversteher zu sein. Wir sollten stolz auf uns sein, wenn wir es sind! Befassen Sie sich damit, wie Sexualität funktioniert. Lernen Sie, wie Sie Ihre Frau – und damit am Ende sich selbst – wirklich erfüllen. Das ist das Ei.

Liebe Männer und Frauen!
Fürs Ei braucht's das Huhn. Aber genauso gilt:
Kein Huhn ohne Ei.

Freizeit oder Falle?
Vom alltäglichen Aneinandervorbeileben

Sie: »Hast du das Ladegerät vom iPad?«
Er: »Da ist ein lustiger Film auf YouTube. Musst du sehen!«

Eigentlich ist in ihrer Freizeit alles perfekt: Sie haben einen großen Freundeskreis, irgendwo ist immer was los, Einladungen gibt es genug. Seit einigen Jahren verreisen sie zusammen mit Freunden, grillen mit den Nachbarn und haben ihre feste Runde im Tennisclub oder am Stammtisch, regelmäßig geht sie zum Yoga, und er joggt um den See.

Wenn sie dann doch mal beide zu Hause sind, verschwindet er allerdings im Keller oder sitzt vor dem Computer und checkt Mails, surft durch die Autobörsen im Netz oder bearbeitet die letzten Urlaubsfotos. Sie telefoniert mit ihren Freundinnen oder räumt rum. Und oft sitzen sie auch einfach nur zusammen vor dem Fernseher.

Wann waren Sie einander zuletzt ganz nah?

Wenn der Strom ausfallen würde oder Sie für eine Woche eingeschneit wären, wenn die Verbindungen zur virtuellen und realen Welt da draußen gekappt wären – was wäre dann los bei Ihnen? Wären Sie froh, mal wieder einfach nur zu zweit zu sein? Oder kriegen Sie bei dem bloßen Gedanken Beklemmungen? Etwa, weil Sie Sprachlosigkeit fürchten oder eine angespannte Stimmung droht?

Mal ehrlich: Wann waren Sie eigentlich das letzte Mal bewusst zu zweit? Haben einander wirklich wahrgenommen? Mit ihr gesprochen über das, was Ihr Herz bewegt? Ihm einfach nur zugehört? Wann haben Sie das letzte Mal alles um sich herum vergessen, sich innig umarmt oder zusammen über einen komischen Vorfall gelacht? Wissen Sie, was Ihren Partner gerade bewegt? Wo er gerade steht im Leben? Was ihm im Moment Sorge bereitet? Wonach er sich sehnt? Spüren Sie noch das unsichtbare Band, das Sie beide immer verbunden hat? Haben Sie noch gemeinsame Ziele?

Oder ist die Zweisamkeit mit der Zeit blasser und weniger geworden, und Sie beruhigen sich unterschwellig mit Erklärungen wie: So ist das nun mal nach ein paar Jahren. Bei uns klappt das auch ohne dieses Brimborium ganz gut. Wir fühlen uns doch wohl in unserem Kreis. Er ist nun mal nicht der Typ, der immer zu Hause auf der Couch sitzt. Andere Frauen interessiert das doch auch nicht, was ihre Männer machen ...

Meine Erfahrung ist folgende: Ein Paar braucht ausreichend Zeit miteinander, es braucht echte Nähe, seelisch wie körperlich, wenn die Beziehung nicht ausbluten soll. Darüber können auch ein prall gefüllter Freizeitkalender, dauernde Geschäftigkeit, vertraute Freundinnen und entspannte Buddys nicht hinwegtäuschen. Wenn Sie nicht nur nebeneinanderherdümpeln und mehr als ein gutes Team sein wollen, dann braucht es Mut zum »Alleinsein zu zweit«. Auch wenn dann vielleicht eine gewisse Gehemmtheit auftritt oder Themen hochkommen, die man durch Geselligkeit und Fernsehabende bislang erfolgreich umschiffen konnte.

Ein Paar kann viel zusammen sein und sich trotzdem aus den Augen verlieren. Wenn erst einmal Kinder da sind, beide beruflich und im Alltag eingespannt sind, gibt es zwar oft noch ein vages Wir-Gefühl, aber immer weniger lebendige Partnerschaft. So können auch keine gelungenen Gespräche mehr stattfinden. Beide reden aneinander vorbei, man gibt einfach von sich, was einem gerade durch den Kopf geht, und der andere macht es genauso.

Wir alle neigen mehr oder minder bewusst zu Ablen-
kungsmanövern, wenn etwas unangenehm werden könnte. Und der Alltag eines Paares mit seinen Anforderungen
ist oft wenig verlockend. Es gibt Missverständnisse, Überforderung, mangelnde Aufmerksamkeit, Eifersucht, Streit
und und und ...

Da ist es allzu menschlich, wenn viele sich dem mit der
Zeit nicht mehr ständig aussetzen wollen und sich lieber
ablenken. Allein die virtuelle Welt bietet uns heute unzählige Ausweichmöglichkeiten und leicht zugängliche
Ersatzfreuden. Aber auch ohne diese hält der Alltag mit
seinen Herausforderungen genügend Ablenkungen bereit. Unzählige Paare verstecken ihre Sprachlosigkeit und
die wachsende innere Entfremdung hinter Aktionismus.

Aus meiner Kenntnis scheitern die meisten Beziehungen genau daran: an Entfremdung und Alltagsstress. Die
Gefahr ist groß, sich aus den Augen zu verlieren, wenn
man einander durch welche Aktivitäten auch immer ausweicht. Meist geschieht die Entfremdung langsam und
schleichend.

Wie weit sich manche Paare bereits voneinander entfernt haben, wird meist erst dann sichtbar, wenn eine
ernste Krise alles aufwirbelt. Plötzlich ist da eine dritte
Person im Spiel, oder eine Krankheit wird diagnostiziert.

Und auf einmal kann man nicht mehr darüber hinwegsehen. Das ganze Defizit wird deutlich.

Ein gern gesehenes Paar, jedoch kein Liebespaar

Der Mann vor mir wirkt wie gelähmt. Er redet langsam und schaut oft ins Leere. Als er vom vorläufigen Ende seiner Ehe erzählt, sagt er, dass er sich wie nach dem Aufprall bei einem Auffahrunfall fühle.

Er war wie immer nach Hause gekommen – keine Spur von seiner Frau. Nur ein Brief: »Ich empfinde nichts mehr. Mir ist klar geworden, dass ich gehen muss«, hieß es am Ende. Er stand unter Schock. Es hatte keine Vorwarnung gegeben. Ja, sie sei in den letzten Jahren öfter krank gewesen, und ihre Stimmungsschwankungen habe er manchmal schon als ziemliche Herausforderung empfunden. Aber seit ihrer Rückkehr aus der Kur sei sie doch offensichtlich wieder fit gewesen. Und dann auf einmal dieser Brief ...

Er versteht die Welt nicht mehr, erzählt mir immer wieder von den gemeinsamen Aktivitäten, von Urlauben und so weiter. Wenn ich ihn allerdings nach seiner unmittelbaren Beziehung zu seiner Frau frage, zu dem, was sie bewegt, zu seinen Gefühlen, zur gemeinsamen Sexualität, dann verstummt er und wirkt ratlos.

Im Laufe unserer Gespräche wird ihm zunehmend klar, dass er und sie fast ausnahmslos über Pflichten, Alltagsroutine und Termine geredet haben, aber selten bis nie über sich selbst. Er muss sich eingestehen, dass die Beziehung fast nur noch in größerer Runde stattgefunden hat: beim Essen mit Nachbarn, beim Besuch bei den Schwiegereltern oder in den Ferien mit Freunden.

Es gelingt ihm, seine Frau zu überreden, noch einmal den Dialog mit ihm aufzunehmen und zu einer Sitzung mitzukommen, nachdem sie Monate vorher einfach nur resigniert die Sachen gepackt hat und ins Gästezimmer ihrer Freundin gezogen ist.

»Meine Freundin wusste die letzten Jahre alles von mir – und mein Mann nichts.« Die Frau wirkt bitter, während sie ein Resümee ihrer Ehe zieht: »Wir hatten uns am Schluss nichts mehr zu sagen. Wir waren froh, wenn wir vor der Stille zu Hause flüchten und zum Abendessen bei Freunden untertauchen konnten. Auf Partys kamen wir zusammen und gingen zusammen – aber mehr auch nicht. Meist hat er mich gleich schon am Eingang stehen lassen und ist in der Masse verschwunden.«

Der Mann wehrt ab: »Dann wären wir doch nicht überall ein gern gesehenes Paar gewesen.«

Sie schaut mich an und schüttelt mutlos den Kopf: »Ist

Ihnen schon mal aufgefallen, dass man gesellschaftlich genau dann ein erfolgreiches und gern gesehenes Paar ist, wenn man sich auf keinen Fall wie ein Liebespaar verhält?«

Die Frau hat im Laufe der Jahre immer schmerzlicher spüren müssen, dass ein aktives gemeinsames Leben kein Garant für ein erfülltes Paarsein ist. Ganz im Gegenteil: Zweisamkeit ist wie ein zarter Spross, der in Ruhe gedeihen muss und nicht ständig gestört werden darf.

 MEIN TIPP

An dieser Stelle würde ich gern jeden wachrütteln, der Gefahr läuft, in die Freizeitfalle zu tappen. Machen Sie eine Ablenkungsdiät und trauen Sie sich, wieder beieinander zu landen! Das kann ein spannendes Abenteuer werden. Vielleicht wagen Sie sich ja auch aus der sicheren Deckung und fragen sich: »Wer ist eigentlich der fremde Mensch an meiner Seite? Was braucht er? Was ist das Mehr, das ich durch ihn erlebe? Lebendigkeit? Herausforderungen?« Was stellt sich ein, wenn zwei sich wieder aufeinander einlassen und sich tiefer und wahrhaftiger als zuvor begegnen? Ablenkungsdiät bedeutet: eine Zeit lang keine Treffen mit Freunden und Bekannten, kein Essen bei Ihrem Lieblingsitaliener, bei dem Sie jeder kennt, keine ständige Verfügbarkeit übers Handy. Kein Auspowern, sondern Aushalten. Ich weiß, das klingt für manche Paare wie kalter Entzug. Aber es führt kein Weg daran vorbei. Ab nach Hause auf die Couch! Und dann da durch: Kloß im Hals, Wut im Bauch, Schweigen im Walde, Schweißperlen auf der Stirn, wenn sich das bemerkbar macht, was man eigentlich nicht wahrhaben wollte: Distanz.

In unserem Daueraktionismus haben wir oft völlig verlernt, wie ein gutes Gespräch gelingt. Es braucht echte Hinwendung zueinander. Und Zeit. Die Gedanken müssen sich entwickeln und reifen. Fragen und Antworten ebenso. Auf die simple Frage »Wie geht es dir?« kann der andere gedankenlos mit einem obligatorischen »gut« antworten. Sie können sich aber auch darauf einigen, einander solche Fragen nur noch zu stellen, wenn Sie eine aufrichtige Antwort wünschen. Und dann darf man sich auch die Zeit nehmen, in sich hineinzuhorchen und darauf zu warten, welche Gedanken und Gefühle aufsteigen. Ehrlich und authentisch. Wenn Sie beginnen, davon ohne Anspruch auf eine perfekte Antwort zu erzählen, ist das schon mal ein guter Anfang.

Vertrauen ist gut,
echtes Vertrauen ist besser

Sie: »Warum kannst du meine Nähe nicht ertragen?«
Er: »Was willst du eigentlich von mir?«

»Ich wünschte, er wäre öfter hier bei mir.« »Er müsste sich mehr um die Familie kümmern.« »Er sollte zu Hause präsenter sein. Nicht nur körperlich anwesend, sondern wirklich da.«

Wünschte, hätte, wäre, sollte – ein Leben im Konjunktiv

Diese Sätze höre ich häufig von Frauen. Während der Mann nicht da ist, werden Vorstellungen, Erwartungen, Sehnsüchte und Träume bei den Frauen immer präsenter. Wenn er dann auftaucht, wird ihm alles vor die Füße geknallt, was sich lange aufgestaut hat: dass er sich zwar kümmert, aber falsch, dass er immer am Handy hängt und zu viel vorm Computer hockt, dass er den Möhrenbrei nicht richtig zubereitet und dass er nicht über seine Gefühle redet. Sie fühlt sich als Frau nicht wahrgenommen, dabei sehnt sie sich so sehr danach und braucht es dringend.

Ist er tatsächlich da, läuft es auch nicht so, wie es sollte. Das Gespräch ist holperig. Die Begegnung belanglos. Spannung liegt in der Luft. Plötzlich taucht das Bedürfnis auf, ihm aus dem Weg zu gehen. Er ist da, aber die erhofften guten Gefühle fehlen. Ein Vakuum entsteht.

Und auf einmal rollen statt Nähe und Verbundenheit all die Gefühle wie eine Welle auf sie zu, die sie nicht haben will: die Leere, die innere Einsamkeit, die unterdrückte Wut, weil sie immer verantwortlich ist und sich um alles kümmern muss. Aber da ist auch die Angst, dass die Distanz weiter wachsen könnte. Dass es vielleicht nicht passen könnte mit ihnen beiden.

Das will sie nicht denken und auch nicht fühlen. Da ist es angenehmer, Sehnsüchten nachzuhängen, eine Vorabendserie zu gucken oder mit der Freundin zu telefonieren. Wir alle haben die Tendenz, uns vor dem Leben, so wie es ist, zu drücken. Frauen neigen dazu, sich in Geschichten und Fantasien zu flüchten. Aus ihren Gefühlen Dramen zu machen. Ihnen fehlt oft das Spielerische, die Einfach-mal-fünf-gerade-sein-lassen-Attitüde. Sie träumen von der perfekten Familie und der idealen Partnerschaft. Umso bitterer dann der Augenblick, in dem sie gewahr werden, dass es diese vollkommene Welt nicht gibt. Und auch in der Vergangenheit nicht gegeben hat.

Willkommen in der realen Welt!

Keine Sorge. Die reale Welt ist viel besser als ihr Ruf. Vielfältig und voller Abenteuer, Abgründe und Herausforderungen, an denen man wunderbar wachsen kann. Vorausgesetzt, man hat den Mut, auf der einen Seite für sich zu gehen und auf der anderen Seite zu sehen, wie gut es ist, dass der Partner so anders ist. Das ist die perfekte Chance auf ein Mehr im Leben.

Dazu muss man sich von den alten Mustern, den brüchigen Traditionen, den Vorstellungen von einer Bullerbü-Familie verabschieden, die schon von den eigenen Eltern nicht eingelöst wurden. Es sich erlauben, die Ideale gehen zu lassen. Sie halten nur davon ab, den Alltag zu gestalten, sich klar abzugrenzen, aufsteigenden Impulsen Ausdruck zu geben und dem Herzen zu folgen.

Man kann – und muss – sich darin üben, das, was ist, wirklich zu erleben und zu akzeptieren. Trauen Sie sich, sich auf die Distanz, die sich vielleicht leise zwischen Ihnen beiden eingeschlichen hat, einzulassen. Ohne Erwartungen. Einfach nur so. Warten Sie ab, was passiert, wenn

Sie mal keine Vorschläge für gemeinsame Familienaus-
flüge, Spaziergänge oder ähnliche Aktivitäten machen.
Auch wenn es am Ende bedeutet, dass Sie nicht mehr tun
können, als den Fernseher vor seiner Nase auszuschalten, ihn anzuschauen und dann nur zu schweigen. Dann
schweigen Sie halt und schauen ihn an! Vielleicht bis die
Tränen kommen. Aber jetzt sind Sie präsent. Ganz egal,
ob er Sie versteht oder für verrückt hält.

Vielleicht schmeißen Sie ja auch mal alle Beziehungs-
beratungsbücher samt Ihren zweifellos hervorragenden
Ernährungsratgebern in die Ecke und üben sich einfach
im vollkommenen Loslassen. Stattdessen die wohlige Be-
deutungslosigkeit eines erschöpften Abends. Sagen Sie
voll und ganz »Ja!«, strecken alle viere von sich und flä-
zen sich neben ihn auf das Sofa, nehmen die Kinder dazu,
auch wenn es schon spät ist, essen Chips und gucken Vi-
deos ohne jeden Anspruch.

Was ist schon dabei? Sie sind zusammen und können
einfach mal abhängen. Keine Sorge, das ist nicht das Ende,
das ist erst der Anfang! Es geht nicht darum, von nun an
vor der Flimmerkiste zu veröden. Es geht ums Loslassen
und um die Hingabe an das, was ist. Um den ersten Schritt
zurück in den jetzigen Moment (den einzigen, in dem Sie
etwas ändern können) – nicht mehr und nicht weniger.

Wie Mann es macht, ist es falsch

»Ich mache und tue, ackere im Job, organisiere und plane, sorge für die Familie, und meine Frau mäkelt trotzdem ständig an mir herum.« Das ist ein Satz, den ich in meinen Beratungsstunden oft von Männern höre. So sehr sie sich auch bemühen – sie können es ihren Frauen anscheinend nicht recht machen. Irgendwann schleicht sich das bittere Gefühl ein: »Egal was ich mache, es passt ihr sowieso nicht. Eigentlich will sie einen ganz anderen.« Da wächst dann die Tendenz, abzuhauen und abzutauchen, einfach aus dem Gefühl heraus, fehl am Platz zu sein.

Diese Männer fühlen sich missverstanden, von der Partnerin nicht gesehen, mit ihren Bedürfnissen nicht wahrgenommen. »Dann eben nicht«, sagen sie sich und gehen in die innere Emigration. Oder sie halten den Frust, nicht zu genügen, nicht aus und orientieren sich neu: Irgendwann erwischen sie sich dabei, wie sie immer öfter nach einer anderen Frau Ausschau halten, von der sie hoffen, dass sie sie in ihren Bedürfnissen wahrnimmt.

Flucht ist besser als Frust – das ist ein beliebter Männermodus. Wenn es innerlich unangenehm wird, dann ist das probate Mittel eher die Betriebsamkeit und die aktive Suche nach Anerkennung als ein ausgiebiges, manchmal durchaus erkenntnisreiches Bad im Leid.

Wenn Sie genau hinschauen und den Mut haben, wirklich ehrlich mit sich zu sein, müssen Sie sich eingestehen, dass Ihr ständiges Auspowern im Job oder im Sport oft nichts anderes ist als eine Flucht vor sich selbst.

»Quatsch!«, sagen Sie? Okay. Dann stellen Sie sich eine Woche ohne Sport, Handy, Internet, Fernseher und Ausgehen vor. Oder ein Leben ohne berufliche Anerkennung. Für die meisten fühlt sich eine Woche ohne Dauerpower und virtuelle Berieselung wie Folter an. Schon bei dem Gedanken an diesen Entzug bricht ihnen der Schweiß aus. Und ein Leben ohne Anerkennung im Job? Wer ist man dann noch? Was bleibt dann noch von einem übrig, wenn man wirklich ehrlich ist?

Betriebsamkeit schützt nicht selten vor den eigenen Ängsten und Wertlosigkeitsgefühlen – und vor unmittelbarer Nähe: vor der Begegnung mit der Partnerin, einem echten Sich-aufeinander-Einlassen. Denn das kann stattfinden, wenn Sie endlich runterkommen und sich und die Stille aushalten. Dann sind Sie alles, was Ihre Partnerin sich immer gewünscht hat. Einfach nur Sie selbst, ganz da, mit allem, was sie auch kennt: Einsamkeit, Unsicherheit, Lebendigkeit, Verletzlichkeit, Sehnsucht nach Nähe und Angenommensein. In Wahrheit sehnte sie sich vermutlich gar nicht so sehr nach mehr Zeit und Perfektion, wie sie immer glaubte, sondern einfach nach mehr Nähe und Präsenz von Ihnen. Sie braucht auch nicht den ständigen Macher, der immer in Bewegung ist, der nie zur Ruhe kommt, sondern einen Mann, der einfach mal da ist.

Welchen Anspruch stellen Sie an sich, wie Sie als Mann sein sollten? Leistungsfähig, dynamisch, klar, zielorientiert, wissend ...? Soziologen haben herausgefunden, dass unsere Vorstellung davon, was typisch männlich ist, heute genau dieselbe ist wie vor 50 Jahren. Das Männerbild ist geblieben, aber ist das Leben auch so geblieben? Oder hat dieses konventionelle, in uns immer noch tief verankerte Bild nicht zur Folge, dass wir uns zu Hause latent überfordert, im Job immer angetrieben und unterschwellig wie eine fest verkorkte Flasche fühlen?

Einfach mal innehalten und nichts tun

Verabschieden Sie sich von dem Bild, das Sie von sich als Mann haben! Stellen auch Sie sich der Tatsache, dass Sie entscheidende Dinge in Ihrem Leben weder durch Leistung noch mit zielorientierter Dynamik lösen können. Sie wissen oft nicht, wie Sie mit Ihrer Partnerin umgehen sollen? Fühlen sich wie gelähmt, wenn Sie mit Ihren Kindern ausgelassen sein wollen? Kommen sich vor wie sprachbehindert, wenn Sie Ihrer Frau sagen wollen, was

Ihnen fehlt? Stehen immer unter Strom, auch wenn Sie mal runterkommen wollen? Fühlen sich im Job gar nicht so großartig, wie es Ihr Image andere glauben lässt? Hier hilft nicht noch mehr Machen. Hier hilft nur eine Vollbremsung und eine vielleicht holprige Landung in der Gegenwart. Loslassen. Bei Ihnen sind es vielleicht nicht die Sehnsüchte wie bei Ihrer Frau. Sondern die ständigen Ziele und Ansprüche, die Sie vom Leben und von der Nähe zu Ihrer Partnerin abhalten. Haben Sie den Mut, innezuhalten und sich zu fragen: Wer bin ich ohne das alles? Will ich tatsächlich permanent in Bewegung sein, auf der Flucht vor mir selbst und anderen? Oder lohnt es sich vielleicht, einfach mal ein Abenteuer zu wagen, eine Pause einzulegen und zu schauen, was passiert?

Wie das gehen soll? Ganz leicht. Am nächsten Wochenende machen Sie – anstatt die Getränkekisten zu holen, den Garten umzugraben, die aufgelaufenen E-Mails abzuarbeiten, mit dem Kumpel die Zehn-Kilometer-Runde zu joggen, mit den Kindern ins Kino oder zum Schwimmen zu gehen und sich abends mit Freunden zu verabreden – einfach mal nichts. Genau, Sie haben richtig gelesen. NICHTS. Sie werden da sein, bei ihr, bei den Kindern, und schauen, was passiert. Nicht mehr und nicht weniger.

Da sein heißt nicht einfach nur körperlich anwesend sein. Da sein bedeutet, Teil des Alltags zu Hause zu werden. Vielleicht das Messer in die Hand zu nehmen und beim Kartoffelschälen zu helfen. Oder Ihre Partnerin zu fragen, was sie gerade beschäftigt. Oder sich einfach auf den Boden zu den Kindern zu setzen und abzuwarten, was von ihnen kommt. Oder den Großen einfach mal richtig zuzuhören.

Es geht um nichts als wache Präsenz, aufrichtiges Interesse an den anderen und Berührbarkeit. Darum, das auszuhalten. Sie müssen keinesfalls ein anderer werden. Sie müssen auch nichts Besonderes können.

Zu einer gemeinsamen Entwicklung gehören Hadern und Zweifeln. Wenn Sie beide lernen, dies auszudrücken, entstehen Momente der Intimität, des Vertrauens, des Sichwiederfindens.

 ## MEIN TIPP FÜR FRAUEN

Wenn Sie mit Ihrem Partner echte Nähe erleben wollen, sollten Sie vor Momenten der inneren Leere und der Einsamkeit nicht flüchten, sondern diese Momente aushalten. Gerade weil sie nicht so sind, wie Sie es sich ersehnt haben. Das ist Ihre Chance! Lassen Sie das, was in Ihnen aufsteigt, zu, auch wenn es schmerzt. Drängen Sie nichts mehr weg. Bleiben Sie ganz bei sich. Halten

Sie sich auch nicht mit dem auf, was Ihr Partner gerade macht oder nicht macht. Dieser Moment ist die Eintrittskarte in die Realität. Er bringt Sie zurück ins Leben. Vorausgesetzt, Sie fühlen, was gerade in diesem Moment in Ihnen ist. Ohne Geschichten, Sehnsüchte und Vorstellungen. Was ist jetzt? Wenn Sie den ganzen Mist wirklich fühlen, werden Sie wach. Und das gibt Ihnen die Schubkraft für Veränderung und für authentische Begegnung.

 ## MEIN TIPP FÜR MÄNNER

Die mutige Tat, die von Ihnen hier verlangt wird, hat nichts mit Machen oder Leisten zu tun. Es geht darum, dass Sie bereit sind, wieder in Ihrer Beziehung zu landen, auch wenn's gerade nicht so spannend ist und Sie keine Ahnung haben, wie Sie es wieder spannend machen können. Sie dürfen ruhig fragen, herumeiern und unsicher sein. Dadurch entsteht auf wundersame Weise Annäherung. Allerdings nicht unbedingt gleich eine mit Happy End und neu entflammter Leidenschaft.

Es kann gut sein, dass es zäh wird oder erst mal ordentlich kracht, weil sich so lange alles Mögliche aufgestaut hat. Oder dass Sie von Verunsicherung geplagt werden und sich fragen: Ist das nicht albern? Wirke ich nicht wie ein Idiot? Reicht das überhaupt? Oder ist sie womöglich diejenige, die dann vor mir wegläuft? Lassen Sie sich von solchen Zweifeln nicht beunruhigen.

Seien Sie froh, dass Ihre Verunsicherung mal Raum bekommt.

Damit verliert sie ihre unsichtbare Antriebskraft, die Sie sonst immer in die Aktivität getrieben hat, wenn Sie eigentlich Nähe gebraucht hätten. Sie mögen doch Abenteuer. Nehmen Sie Ihr Nichtwissen oder die Verunsicherung, und vertrauen Sie sich Ihrer Frau damit an. Wahrscheinlich wird sie nicht über Sie herfallen, sondern – auch wenn Sie es jetzt noch nicht glauben – sich entspannen. Also: Kommen Sie an! Es lohnt sich!

Rollen und Muster

Er: »Ich muss hier weg!«
Sie: »Ich weiß genau, was du fühlst.«

Ich bin der Jüngste von vier Söhnen. Wenn ich als kleiner Junge witzig sein wollte, wenn ich verrückt sein wollte, wenn ich wild sein wollte, war mein Eindruck, dass meine Familie mich nicht hörte und mich nicht ernst nahm. Meine Lebendigkeit schien zu Hause fehl am Platz zu sein. Ich empfand das damals als große Zurückweisung, und es gab mir das Gefühl, nicht wirklich dazuzugehören. Also habe ich mir eine wilde, witzige Ersatzfamilie gesucht – meine Jungs aus der Nachbarschaft. Bei ihnen fühlte ich mich lebendig, geborgen und gesehen. Wir waren dicke Freunde, die sich ohne Worte verstanden. Jeder konnte hier so sein, wie er war. Mist bauen und verrückte Sachen machen war nicht nur erlaubt, sondern erwünscht.

Wenn unbewusste Prägungen Regie führen

Jahrzehnte später gründete ich selbst eine Familie. Unbewusst verlagerte ich meine Lebendigkeit von Anfang an wieder nach außen, anstatt sie mit meiner Frau und meiner Tochter zu teilen. Ich hatte damals nicht die geringste Ahnung, dass mein ursprüngliches Programm in Sachen Familie mit meiner Heirat und der Geburt meiner Tochter wieder aktiviert wurde. Als Ehemann und Vater habe ich funktioniert, mehr nicht. Die klassische Familie war in meinem System unter »Funktionieren« abgelegt, gekoppelt an Kontrolle, Leistung bringen, keine Schwäche zeigen, sich auf keinen Fall gehen lassen. Nicht unbedingt das Umfeld, in dem man es sich gemütlich macht und sich entspannt.

Eine Zeit lang konnte ich verdrängen, wie sehr es mich von zu Hause wegtrieb. Aber dann wurde die Situation in meiner Ehe immer unerträglicher. Mein Bewusstsein sagte mir zwar: »Da ist jetzt eine Frau, die mag ich, mit der bekomme ich ein Kind, und mit denen baue ich jetzt mein eigenes, neues Leben auf.« Aber irgendwie wusste ich nichts mit dem eigenen, neuen Leben zu Hause anzufangen. Denn mein Unbewusstes sagte: »Achtung! Familie! Nimm dich zurück! Kontrolliere dich! Reiß dich zusammen!« Und weil ich das nicht erkannte, saß ich bei

Frau und Kind wie zu Besuch und hatte nichts Eiligeres zu tun, als mein Leben möglichst oft in den Job und die »Jungstruppe« zu verlagern.

Solche Muster greifen bei uns allen, bis wir sie bloßlegen. Ich war fast jeden Abend mit Kollegen oder Freunden unterwegs. Wir trafen uns zum Sport oder in der Kneipe, aber niemals bei mir zu Hause. Es war zwar nicht die gleiche Verbundenheit wie früher mit den Jungs, aber es war auf jeden Fall stressfreier und spannender als zu Hause.

Unser Herkunftssystem hat eine große Bedeutung für unsere späteren Beziehungen, und seine Spielregeln wirken nicht selten bis in unseren Umgang mit den eigenen Kindern hinein – ob wir das wollen oder nicht. Oft verbreiten wir wie ferngesteuert den gleichen Druck, die gleiche überhöhte Erwartungshaltung gegenüber unseren Kindern, der wir früher selbst am liebsten entflohen wären. Wir werden angespannt und fordern Ruhe, wenn sie zu ausgelassen sind. Wir benehmen uns linkisch und schaffen Abstand, wenn sie uns unmittelbar ihre Gefühle zeigen. Und schon sind wir völlig unbeabsichtigt dabei, unsere Kinder einzugrenzen und unbewusst für unser emotionales Wohl zu missbrauchen, wie es schon unsere Eltern getan haben.

Diese ungute Kettenreaktion können wir nur unterbrechen, wenn wir nicht mehr länger vor den alten Prägungen davonlaufen. Indem wir uns bewusst werden, wie sie immer noch in uns wirken.

Ich möchte Sie hier nicht zu einer tiefgreifenden Psychoanalyse animieren. Trotzdem ist es für eine gelingende Partnerschaft absolut notwendig, dass Sie sich beide, und zwar jeder für sich, mit Ihrer Herkunftsfamilie auseinandersetzen. Und davon abnabeln! Es ist wichtig, dass Sie lernen, einen nüchternen, unverklärten Blick auf Ihre Wurzeln zu werfen, und wissen, woher Sie kommen und was Sie geprägt hat. Erst wenn Sie sich dessen bewusst sind, sind Sie frei für eine echte und tiefe Partner- und Elternschaft.

Sie müssen sich bei diesem Prozess nicht mit analytischem Sachverstand darum kümmern, verborgene Muster zu entdecken. Partner und Kinder drücken automatisch die richtigen Knöpfe, die Ihre Flucht- und Abwehrmechanismen aktivieren. Sie müssen dann lediglich bereit sein, sie ehrlich als solche zu entlarven.

Den Schmerz zulassen, damit sich etwas ändern kann

Was kann man tun, wenn man seine Muster erkennt? Wenn man merkt, dass man gefangen ist in automatischen Abläufen, die einem selbst und der Beziehung nicht guttun? Weder sich noch die Herkunftsfamilie in ihrer Begrenztheit verurteilen! Erkennen und betrauern, dass einem etwas fehlt. Dass vielleicht manches, was man als Kind erlebt hat, schmerzlich war. Das allein sorgt schon für Veränderung.

Schuldzuweisungen lassen einen dagegen nur in Ohnmacht feststecken wie in einem Sumpf. Sie dürfen ruhig trauern oder wütend werden, wenn Ihnen die Beschränkungen der Vergangenheit bewusst werden. Aber wenn Sie sich dauerhaft selbst bemitleiden nach dem Motto: »Was habe ich nur für einen unmöglichen Vater, für eine unmögliche Mutter gehabt!«, halten Sie dauerhaft an dem Glauben fest, Sie seien ein abhängiges Kind.

Auch Ihre Eltern haben getan, was sie tun konnten. Sie haben, in den allermeisten Fällen jedenfalls, versucht, ihr Bestes zu geben, auch wenn es für Sie wahrscheinlich nicht ausreichend und manchmal auch sehr schmerzlich war. Vorwürfe oder Anklagen bringen Sie nicht weiter. Es geht vielmehr darum, mit dem Verdrängen und Abwehren aufzuhören, um das Ruder im eigenen Leben wieder in die Hand zu nehmen.

Jemand sagte mir einmal: »Eltern sind wie Hanteln, das sind die Widerstände, an denen wir wachsen.« Keiner von uns wird die ideale Familie gründen, keiner von uns hat die ideale Familie gehabt. Brauchen wir auch nicht.

Das ist eine gute Nachricht. Vor allem für Männer, deren Meisterdisziplin in Sachen Herkunftsfamilie oft die Abwehr ist. Bei meinen Coachings lande ich immer wieder erst einmal vor einer Betonmauer, sobald ich vorsichtig das Gespräch auf das Elternhaus bringe. Die meisten Männer gehen sofort auf Konfrontationskurs: »Wieso? Was hat mein Elternhaus denn mit meiner Ehe zu tun? Da war doch alles prima.«

Damit bleiben diese Männer unbewusst in ebendieser Vergangenheit stecken. Sie tun, was sie meist schon als Kinder gelernt haben: einfach ausblenden, was nicht guttut, und sich eine eigene Realität schaffen. Der stärkste Motor eines jeden Kindes ist der Wunsch nach Zugehörigkeit und Verbindung. Dafür sind Kinder bereit, sich extrem anzupassen, eigene Bedürfnisse vor der Familie zu verstecken und die Gefühle der Eltern zu tragen. Alles unbewusst. So schleppt manch einer als Erwachsener noch Gefühlslasten mit sich herum, die er als Kind auf sich genommen hat – beispielsweise den Schmerz, die Traurigkeit, die Einsamkeit von Vater oder Mutter. Viele von uns haben als Kinder in ihren Familien gelernt, ihre Gefühle zu kontrollieren, und blenden noch heute gewohnheitsmäßig ihre natürliche Lebendigkeit und ihre gesunden Bedürfnisse komplett aus, sobald sie mit Menschen in eine enge Verbindung treten. Wer sich solche Verstrickungen nicht anschaut, wird in seiner Partnerschaft meist unbewusst »Wiederholungstäter« und auf Dauer nur schwer sein Glück finden.

Genau wie der Vater ...

Völlig resigniert sitzt der Mann vor mir: »Ich weiß keinen anderen Weg mehr. Ich muss mich trennen.« Er ist schon zum zweiten Mal verheiratet und in beiden Ehen von einer Affäre in die nächste geschlittert. Dass er seine zweite Frau nicht ebenfalls verlassen hat, liegt nur an seinen Schuldgefühlen sowie der Liebe und seinem Pflichtgefühl den Kindern gegenüber. Jetzt ist freilich der Punkt in seinem Leben gekommen, an dem er nicht mehr wegschauen kann. Da gibt es ein wiederkehrendes Muster, das er nicht wirklich steuern kann. Fragen drängen sich ihm immer häufiger auf: Was hat ihn von einer Frau zur anderen hetzen lassen? Warum kann er nicht einfach mal bleiben?

Er war der Älteste, hatte noch drei Schwestern. Sein Vater, vollkommen eingespannt in die eigene Firma, hatte immer wieder andere Frauen gehabt. Seine Mutter blieb zu Hause und war in allen Fragen völlig auf sich gestellt.

Sie wusste von seinen Affären und hatte sich damit abgefunden. Auch damit, dass er ihr als Mann überhaupt nicht zur Verfügung stand. Sie war eine einsame Frau und zwischenzeitlich mit der Situation vollkommen überfordert, traute sich aber nie, dem Ganzen ein Ende zu setzen.

Häufig hörte der Älteste von ihr: »Ich schaffe das einfach nicht mehr. Es wird mir zu viel. Aber einer muss sich ja um die Kinder kümmern.« Immer lag in der Luft: Die Mutter ist überlastet, sie könnte auch weggehen.

Als der Junge etwas älter wurde, fing er an, die Schwestern von ihr fernzuhalten. Er kümmerte sich um sie, soweit es ihm möglich war. Nichts wünschte er sich mehr, als dass es der Mutter endlich wieder besser ginge und ihr Leid ein bisschen kleiner würde. Dass sie zu Hause wieder sicher verwurzelt wäre. Aber es schien alles nicht zu helfen. Seine Mutter nahm längst regelmäßig Beruhigungstabletten und wirkte stets entrückt.

Nur manchmal, aus heiterem Himmel, rastete sie plötzlich aus. Dann war er »genauso ein Taugenichts wie sein Vater«, und die Schwestern »sollten sich vor den Kerlen hüten«. Einmal schrie sie in ihrer Wut: »Ich bleibe nur noch wegen euch!« Irgendwann erzählte ihm die Mutter von den Affären des Vaters. Mit den Jahren wurde der Sohn zu ihrem engsten Vertrauten.

Selbst erwachsen, verließ er jede seiner Freundinnen, sobald er an den Punkt kam, an dem es nah und vertraut wurde. Dann lernte er seine erste Frau kennen, die ziemlich schnell schwanger wurde, ohne dass es eigentlich geplant war. Dieses Mal ließ er sich ein und machte tatsächlich eine Ehe daraus. Schon kurz nachdem das Kind da war, fing er an fremdzugehen, genauso wie in der folgenden Ehe – immer mit starken Schuldgefühlen.

In unserem Gespräch zeigt sich, wie sehr er bis heute unter der einnehmenden und gleichzeitig bedürftigen Nähe der Mutter und der Unerreichbarkeit des Vaters litt und aus diesem Grund gar nicht in der Lage war, seine Gefühle richtig einzuordnen, geschweige denn auszudrücken. Er vertraute sich nicht als Mann. Nachdem er die Frauen anfänglich immer wie Göttinnen anhimmelte, misstraute er ihnen zutiefst, sobald der Alltag langsam einkehrte. Die geringste emotionale Bedürftigkeit von einer Frau ließ ihn zurückschrecken. Das war dann das eine Gramm zu viel, das er nicht mehr tragen konnte. Dieser Mann hatte kiloschwere Lasten von seiner Mutter aus der Vergangenheit im Gepäck und keinen Platz für die Bedürfnisse der Frauen, mit denen er später Beziehungen einging.

Das war verstörend für diese, weil sie überhaupt nicht verstanden, was da abging. Und es war belastend für ihn, weil in ihm die Gefühle von Unzulänglichkeit und Schuld immer weiter wuchsen. Denn er machte ja heute genau das, was sein Vater schon getan hatte, nämlich die Frauen unglücklich. Und das war eigentlich das Letzte, was er wollte.

Während er im Laufe unserer Gespräche sich selbst besser kennen und verstehen lernt, entdeckt er ein Bedürfnis, das er sich nie eingestanden hat: Das, was er so ruhelos suchte, war nicht immer wieder eine ideale neue Frau – er brauchte Raum für sich. So lernt er, sich der Auseinandersetzung mit seiner Frau zu stellen, endlich mit ihr unangenehme, aber klärende Gespräche zu führen und ihr von sich das anzuvertrauen, was er all die Jahre geheim gehalten hat. Die Frau steht erst einmal unter Schock, aber dann ist sie bereit, mit zu mir zu kommen.

Anfänglich sitzt sie fest gepanzert da, wie ein Mahnmal. Fühlt sich als Opfer und gibt ihm die Schuld. Aber dann ist sie bereit, ihm zuzuhören und auch ihren Anteil an der Geschichte zu entdecken. Die Gespräche sind herausfordernd und oft für beide unangenehm ehrlich, aber sie helfen ihr, sich ihm gegenüber wieder ein wenig zu öffnen.

»Die letzten Jahre ist mir immer mehr klar geworden, dass ich wie ein Schwamm funktioniere. Ob ich es will oder nicht – aber irgendwie absorbiere ich die Gefühle der anderen. Wenn es meiner Freundin schlecht geht und sie mir ihr Leid klagt, geht es mir danach oft auch nicht mehr gut. Manchmal betrete ich einen Raum und merke schon beim Reinkommen, dass hier gerade Stress ist. Ich spüre bis in die hinterste Ecke, wie es den anderen geht.« Sie schaut traurig. »Nur von mir bekomme ich nichts mit. Fragen Sie mich mal, ob ich Hunger habe oder ob ich müde bin. Dafür habe ich keine Empfindung.«

Auch sie hatte eine Mutter, die überlastet war. Sie gehört zu den Frauen, die als Mädchen von der mütterlichen Gefühlswelt total überladen wurden und keine Chance hatten, sich in sich selbst zu verankern. So ist es später im Leben, als ob sie eine Art Leck im System hat: Noch ehe sie sich selbst spürt, ist sie schon von den Bedürfnissen der anderen aufgesogen.

 ## MEIN TIPP FÜR FRAUEN

Wenn auch Sie zu den Töchtern gehören, die immer spüren, wie es der Mutter gerade geht, bekommen Sie hiermit die Lizenz zum Neinsagen. Erst recht, wenn Sie einen Mann haben, der sich nicht wirklich einlassen kann. Ich will Ihnen nichts vormachen – das Neinsagen ist keine leichte Übung, am Anfang jedenfalls. Denn oft kommen genau die beiden zusammen, die sich in ihren unbewussten Mustern ergänzen, längst nicht immer zum jeweiligen Vorteil. Sie ist immer empathisch, ohne ein klares Abgrenzungsgefühl. Und er »passt perfekt« zu ihr, weil er immer verdrängt und aussteigt, wenn seine Gefühle zu sehr ins Spiel kommen könnten.

 ## MEIN TIPP FÜR BEIDE

Es braucht Mut, das Kind von ehemals in sich anzunehmen, es zu trösten und zu schützen. Und spät, aber nicht zu spät herauszufinden, was ihm guttut und wo es Zeit und Geduld benötigt. Auch wenn Sie glauben, Sie sind schon erwachsen: Das Kind in Ihnen lebt. Wenn Sie das erkennen, brauchen Sie nicht mehr aus Beziehungen zu fliehen, können besser auf sich aufpassen und Grenzen setzen, ohne dem anderen wehzutun. Trauen Sie sich, wahrhaftig zu sein!

Sich abnabeln

Sie: »Deine Mutter mischt sich in alles ein.«
Er: »Und deine macht uns ständig ein schlechtes Gewissen.«

»Meine Schwiegermutter hat den Schlüssel zu unserem Haus, eine Vollmacht für unser Konto, und bei der Geburt unseres ersten Kindes war sie auf Wunsch meiner Frau auch noch dabei«, erzählt der Mann.

»Ja, und du arbeitest in der Firma deines Vaters, und wir wohnen bei deinen Eltern mit auf dem Grundstück«, entgegnet sie da.

»Und warum sind Sie jetzt hier? Wie kann ich Ihnen helfen?«, frage ich beide.

»Ich will, dass wir umziehen. Ich will endlich mein eigenes Zuhause haben, jetzt, wo unser drittes Kind kommt.«

»Sei doch froh, dass wir da wohnen können«, entgegnet er. »Wie sollen wir was anderes denn überhaupt bezahlen?«

»Mein Vater hat uns doch angeboten, uns zu unterstützen.«

»Du weißt doch, dass da sofort Bedingungen dran geknüpft sind, wenn dein Vater uns irgendetwas anbietet.«

»Das ist ja herrlich, da habe ich ja sechs Klienten auf einmal«, schmunzle ich.

Die ewigen Kinder

Wie häufig erlebe ich Paare, die selbst schon Eltern sind, aber sich immer noch wie Kinder ihrer Eltern verhalten! Ungelöste Verbindungen in Herkunftsfamilien belasten eine Partnerschaft extrem. Eine gesunde Beziehung braucht unbedingt Abstand und klare Grenzen zu beiden Herkunftsfamilien.

Im Laufe des Zusammenwachsens muss fast jedes Paar bestimmte Bindungen zu Vater und Mutter klären und Abhängigkeiten lösen. Die wichtigste Regel heißt hier: Das Paar geht immer vor. Die großen Themen, die eine Beziehung extrem belasten können, sind finanzielle Verflechtungen, mangelnder räumlicher Abstand, Kindererziehung und übermäßige Schuld- und Pflichtgefühle den Eltern gegenüber.

»Ich kann es nicht mehr hören, wenn deine Mutter ständig anruft und sagt: ›Ich bin ja so allein‹«, platzt es aus ihm heraus. »Dann hängst du wieder eine Stunde am Telefon und redest wie ein kleines Kind.«

»Na ja, aber wenn deine Mutter einmal auf die Kinder aufgepasst hat, hält sie mir 'ne Predigt, dass die Kinder strengere Regeln brauchen und dass ich den Haushalt doch besser im Griff haben sollte.«

»Ich höre hier gerade mehr über Ihre Eltern als über Sie beide. Ganz ehrlich: Ihre Eltern dürfen jetzt erwachsen werden und mal allein mit ihren Ängsten umgehen. Und Sie beide brauchen dringend einen kalten Entzug von den Eltern, sonst kommen Sie als Paar nicht zusammen.«

Wenn es starke familiäre Bindungen gibt – ganz egal, ob sie als positiv oder negativ empfunden werden –, müssen beide Partner sich immer wieder nach außen abgrenzen und den Mut aufbringen, für die Nähe in der eigenen Beziehung auch mal unangenehme Konflikte mit der Herkunftsfamilie auszufechten. Wenn ein Paar finanziell mit den Eltern verwickelt oder immer wieder auf deren Unterstützung angewiesen ist, sollte es sich unbedingt zum Ziel setzen, auf die eigenen Füße zu kommen. Ein Paar muss die Verantwortung für sich übernehmen.

Das kann erst einmal ernüchternd sein, aber für Wahrheit und Freiheit sorgen. Manchmal ist es eine schmerzliche Erkenntnis zu sehen, dass die eigenen Kräfte noch nicht so weit reichen und es statt des Hauses ohne Kredit vom dominanten Vater nur eine aus eigenen Mitteln finanzierte Mietwohnung gibt. Dass ohne die Oma, die sich in alles einmischt, nur alle zwei Wochen ein bezahlter Babysitter möglich ist.

Aber das ist dann die Wahrheit des Paares. Jetzt sind die beiden ganz bei sich, müssen sich aufeinander verlassen und können ein gemeinsames Leben aufbauen. So wird man erwachsen und kann sich dann aus freien Stücken entscheiden, die Türen für die Eltern nach eigenem Maßstab dosiert und ohne Abhängigkeiten langsam wieder zu öffnen.

 MEIN TIPP

Sie müssen sich trauen, Ihren Eltern nicht länger als Sohn und Tochter, sondern als Mann und Frau gegenüberzutreten. Es ist wichtig, dass Sie sich von Ihrer Herkunftsfamilie lösen, auch wenn es unterwegs eine Zeit lang eng und unbequem wird und Sie vielleicht mit Vorwürfen konfrontiert werden. Aber nur so kommen Sie auf Ihren eigenen Weg, und der ist bei vielen Menschen ein ganz anderer als derjenige der Eltern.

Fragen Sie sich: Wie geht das eigene Leben ohne die Eltern? Welche Wohnung können wir uns leisten? Wie viel oder wie wenig Freiraum haben wir mit kleinen Kindern? Wie viel braucht es, damit wir beide auch beruflich auf eigenen Füßen stehen und uns geschäftlich und finanziell von den Eltern unabhängig machen?

Geld oder Liebe

Er: »Dir gehört hier gar nichts!«
Sie: »Immer geht's dir nur um das verdammte Geld!«

Sie ist Mitte fünfzig, groß und sehr gutaussehend. Eine schöne Frau, die sicher von vielen Männern begehrt wird. Ihre Stimme klingt zugewandt, doch ihr Körper wahrt eine sichere Haltung. »Es wäre so schön, wenn wir ein paar Dinge besser hinbekämen.« Dabei schaut sie immer wieder zwischen mir und ihrem Mann hin und her, um keine noch so kleine Reaktion zu verpassen.

Er rührt sich nicht, zeigt keine Regung. Sie erklärt vorsichtig: »Ich möchte gern mehr von ihm wissen, mehr mit ihm reden.« Er sitzt stumm im Sessel daneben und guckt geradeaus, so als ob er warte, bis es endlich vorbei ist. Ganz offensichtlich war es nicht seine Idee, zu mir in die Praxis zu kommen.

Seine Frau scheint dafür umso sehnlicher auf diese Gelegenheit gewartet zu haben, ihren Mann einmal in sicherem Rahmen an ihren Sehnsüchten und Bedürfnissen teilhaben zu lassen. Sie erzählt gut zwanzig Minuten von den Änderungen, die sie sich in ihrer Ehe wünscht. Eine neue Basis bräuchten sie, mehr Zeit zusammen, vielleicht etwas mehr Zärtlichkeit ... Wie sehr sie es schätze, was er alles im Lauf der Jahre aufgebaut habe. Sicher, sie wisse ja, dass sein Beruf ihm viel abfordere. Ihre Worte wirken sehr bedacht, einsichtig und verständnisvoll.

Aber ich werde das Gefühl nicht los, dass jeden Moment irgendwo im Raum ein Glas zerspringen könnte, so viel Spannung liegt in der Luft. Jedes ihrer Worte muss erst mal durch eine Sicherheitskontrolle. Es ist, als ob sie ihren Mann beschwichtigen, in eine bestimmte Richtung lenken wolle. In ein eher ungefährliches Territorium. In jeder ihrer freundlichen Einladungen zu einer Wiederbelebung der gemeinsamen schon weit über 20 Jahre währenden Ehe schwingt immer auch Angst – Angst vor seiner Reaktion auf ihre Worte. Als ob er jeden Moment explodieren, sie bestrafen oder aus dem Raum gehen könnte.

Und tatsächlich: Auf einmal erhebt er sich ruhig, aber unmissverständlich. »Ich werde jetzt gehen«, sagt er mit fast tonloser Stimme, ohne irgendeine Regung zu zeigen. Ich frage ihn, warum. »Ich weiß nicht, was das hier soll. Meine Frau weiß, wer ich bin, und ich werde mich nicht ändern.«

Sie wendet den Kopf von ihm weg und schaut verächtlich in eine andere Richtung. Endlich wird deutlich, was
die ganze Zeit in der Luft lag: Trotz vieler freundlicher
Worte und wohlerzogener Stille – hier sind die Fronten
seit langem verhärtet. Vor mir sitzen zwei Kontrahenten.

Was sich hinter der Fassade abspielt

Ich kann den Mann dazu bewegen zu bleiben. Wir beide
beginnen vorsichtig, miteinander zu reden. Nach einigem
Hin und Her und viel Abwehr seinerseits platzt es schließlich aus ihm heraus: Er habe ihre ewigen Forderungen
satt. Immer sei sie unzufrieden, aber eigentlich nie für
ihn da. »Mittlerweile fühle ich mich zu Hause nur noch
unwohl. Wenn sie da ist, ist sie eigentlich innerlich abwesend. Tausend Dinge sind ihr wichtiger als unser Leben.«

Er ist Anwalt. Sie ist Musiklehrerin, kümmert sich um
die beiden Kinder und malt in ihrer Freizeit ausstellungs-
reif.

»Ich würde wahnsinnig, wenn ich meine Kunst nicht
hätte. Wenn ich bei einem Konzert oder einer Ausstellung
nicht mal andere Menschen treffen würde, käme ich mir
vor wie eine alte Frau in einem Gefängnis.«

Die beiden sind wie zwei entgegengesetzte Pole. Im
Gespräch gibt es ständig Widersprüchliches: Ein Leben

brauche nun mal eine feste Struktur, sagt er. Ich möchte neue Seiten an mir entdecken, sagt sie. Meine Frau hat
ihren Halt verloren, findet er. Mein Mann hat keinen Res-
pekt vor Frauen, kritisiert sie.

Am Ende steht er wieder auf und droht zu gehen: »Das
hier führt zu nichts und gehört außerdem zu unserer Privatsphäre. Bevor ich mit einem Dritten über das eigent-
liche Problem rede, verabschiede ich mich lieber. Derlei
eheliche Abgründe möchte ich mir und Ihnen nicht zu-
muten.« Und dann geht er tatsächlich aus der Tür.

Innerlich distanziert, finanziell miteinander verstrickt

Es gibt einen zweiten Termin. Beide sind angemeldet,
aber sie kommt allein. Kurz vor der gemeinsamen Abfahrt
hat er ihr eine Absage erteilt. »Typisch! Er bestimmt! Er
macht, was er will!« Ihre Stimme wird kalt.

»Worum geht es Ihnen wirklich?«, frage ich sie unvermittelt. »Wollen Sie Ihre Ehe überhaupt noch?«

Einen Moment herrscht Stille, dann lässt sie alle Kontrolle fahren: Jede Nacht wolle er Sex. Manchmal komme
er einfach zwischendurch mitten am Tag aus dem Büro
nach Hause, nur weil er mal eben Sex brauche. Schnell
müsse es gehen. »Was mit mir ist, interessiert ihn schon
lange nicht mehr. Neulich hat er mir beim Abendessen

aus heiterem Himmel gesagt, dass ich mir den Busen operieren lassen solle. Er würde mittlerweile hängen, und das törne ihn nicht mehr an. Vor einer Party meinte er kürzlich, ich solle hohe Absätze und ein kurzes Kleid anziehen. Als ich fertig war, sah er mich an und sagte: ›Du bist alt geworden.‹«

Die schöne Frau ist nur noch bitter und voller Verachtung. »Aber am allerschlimmsten ist«, sagt sie, »dass er vollkommen respektlos vor den Kindern von mir spricht.«

Was sie von ihrer Ehe erzählt, wirkt schmerzlich. Aber wieder gibt es eine Diskrepanz zwischen dem, was sie erzählt, und dem, was sie unterschwellig ausstrahlt.

»Haben Sie eigentlich einen Freund?«, frage ich sie.

Einen Moment herrscht Stille.

»Ja«, antwortet sie leise.

Den anderen Mann hat sie bei einem Konzert kennengelernt. »Gott sei Dank kein Anwalt. Er ist Winzer. Es war wie eine Erlösung! Vom ersten Moment an spürte er, was mir wichtig ist. Er versteht meine Kunst und meine innere Welt. Seit ich ihn kenne, fühle ich mich endlich wieder lebendig.«

Die Frau hat sich in der letzten halben Stunde verwandelt. Ihre Gesichtszüge sind weich geworden. Sie wirkt jugendlich, fast mädchenhaft.

»Was weiß eigentlich Ihr Mann von alledem?«, frage ich sie.

»Ich glaube, er will es nicht wissen.« Sie zuckt mit den Achseln.

»Haben Sie mal daran gedacht, mit ihm darüber zu sprechen?«

»Auf gar keinen Fall!« Das klingt fast schon panisch. »Das kann ich nicht. Dann bin ich erledigt.«

Dann beschreibt sie mir eine vermeintliche Falle, in der sich immer noch viele Frauen gefangen fühlen: finanzielle Abhängigkeit. Ihr Mann ist erfolgreich und sorgt für das Einkommen der Familie. Sie selbst habe sofort nach ihrer Ausbildung die Kinder bekommen und nie die Möglichkeit gehabt, richtig ins Berufsleben einzusteigen. Sie gebe ein paar Klavierstunden, aber davon könne sie nicht leben. Inzwischen sind die Kinder schon groß, aber sie hat den Augenblick verpasst, an dem es noch leichter möglich gewesen wäre, sich neu zu orientieren.

»Er hat den Geldhahn in der Hand. Ich bin finanziell komplett von ihm abhängig.« Alle Weichheit ist wieder aus ihrem Gesicht verschwunden. Da sei nichts, worauf sie zurückgreifen könne: keine Ersparnisse, kein Erbe und auch kein Ehevertrag, der sie in irgendeiner Weise absichern würde. »Mein Mann kennt seine Machtposition ganz genau. Und die reibt er mir auch sofort unter die Nase, wenn er spürt, dass ich wegwill.« Und wegwill sie schon lange, wie sich in unserem Gespräch immer klarer herausstellt. Aber dann siegt die Angst.

»Du kannst ja gern gehen‹, hält er mir dann vor, ›aber denk dran: Dir gehört hier gar nichts! Wenn du gehst, kriegst du nur den minimalen Unterhalt von mir. Der Lebensstandard, dein gesellschaftlicher Rahmen, das Haus – all das ist dann dahin.‹«

Mut trotz Abhängigkeit

Er hat sie an der Angel. Diese Abhängigkeit hat sie über all die Jahre bei ihm gehalten. Inzwischen macht sich ihre Zwangslage schon körperlich bemerkbar. Sie bekommt allergische Reaktionen, Migräne, fühlt sich oft schwach. Ihr ganzes System rebelliert. Es ist offensichtlich, dass das Innere dem äußeren Druck nicht mehr standhält.

Ein wichtiger Aspekt. Denn wenn man sich verleugnet, reagiert der Körper irgendwann. In solch einer Situation auszuharren nimmt jede Lebenskraft.

Ich kann dieser Frau, wie schon vielen Frauen vor ihr, nichts anderes sagen als: »Es braucht jetzt Mut. Und die Bereitschaft, für Ihre Wahrheit auf Sicherheit zu verzichten.«

Sie will diese Ehe nicht mehr. Sie tut ihr nicht gut und gibt ihr keinen Raum, sich zu entfalten. Ihr Mann und sie sind sich fern.

Jetzt braucht es den Mut, sich entweder wirklich einzulassen, ihren Mann mit ihrer Wahrheit und ihren Bedürfnissen konsequent zu konfrontieren und zu sagen: »Mein Lieber, so werde ich nicht mehr weitermachen. Ich will diesen Sex nicht mehr. Ich sehne mich nach mehr Nähe, mehr Zärtlichkeit.« Und dann auch tatsächlich konsequent Grenzen zu setzen. Ihren Mann herauszufordern, das gemeinsame Leben miteinander aufzuräumen und Neues mit ihm zu wagen, egal wie turbulent es unterwegs wird. Oder aber zu gehen, einen vielleicht schwierigen Kampf auf sich zu nehmen, der auf dem Eingeständnis fußt: Ich bin nicht abgesichert, bekomme jetzt zu wenig Geld, habe keinen richtigen Beruf. Aber es gibt einen Weg, den ich gehen kann – Schritt für Schritt. Auch wenn der erst einmal mit großen finanziellen Einschränkungen einhergeht.

Geld ist ein Thema, das viele Paare an ihre Grenzen stoßen lässt, denn hier geht es zum einen um die eigene Existenz, zum anderen aber auch um die Machtverhältnisse in einer Beziehung, um Fragen wie: Was bringst du ein? Was bringe ich ein? Was steht mir zu? Was steht dir zu? Was ist welche Arbeit wert? Was bedeutet es für mich als

Frau, wenn ich für die Kinder auf die Karriere verzichte? Wie wird das von dir, vom Mann, honoriert? Was sagt das Gesetz?

Diese Frau ist eine von vielen Frauen, die zu mir in die Praxis kommen und innerlich völlig verbittert sind, weil sie nicht auf ihr Herz hören und Konsequenzen aus ihrer unglücklichen Ehe ziehen. Die jahre- und jahrzehntelang unerfüllt bei ihrem Mann bleiben, aus Sorge davor, ihre finanzielle Existenz zu gefährden. Das hat viel mit Angst zu tun, aber auch – ich muss es leider sagen – mit Bequemlichkeit.

Sich selbst treu zu sein und nicht länger bei etwas mitzumachen, das einen verletzt, braucht Mut. Solche Klärungsprozesse sind nicht leicht. Aber für unsere Entwicklung sind sie notwendig. Wenn wir uns ihnen nicht stellen, werden wir krank, unzufrieden und verbittert. Wenn wir uns auf sie einlassen, werden wir wieder echt und wachsen an ihnen, auch wenn sie nicht nur eine emotionale Herausforderung darstellen, sondern auch finanzielle Einbußen mit sich bringen.

Eine Ehe ist nicht auf jeden Fall zu Ende, wenn man sie in ihrer alten Form zur Disposition stellt und etwas Besseres einfordert. Nur auf den ersten Blick werden wir ruiniert, wenn wir unser Haus im gediegenen Vorort gegen die Etagenwohnung in der Stadt tauschen. Wir vereinsamen nicht, wenn wir einen gesellschaftlichen Kreis verlassen, in dem niemand unser neues Handeln wirklich versteht. Wir bleiben nicht bis an unser Lebensende allein, wenn wir uns nach vielen Jahren Ehe trennen. In jedem Ende liegt ein Neuanfang.

Wenn einer für den anderen aufkommen muss

Auch für denjenigen, der »das Geld nach Hause bringt«, kann die Situation belastend sein. Davon handelt die folgende Geschichte aus meiner Praxis.

»Wenn Sie wüssten, wie unser Briefkasten jeden Tag aussieht«, stöhnt er, »vollgestopft mit Katalogen und Rechnungen, dazu kommt jeden Tag mindestens ein Paket an.« Darin sei dann irgendetwas, was keiner benötige.

Alles fing mit der Depression an, die sie vor ein paar Jahren nach der Geburt ihrer zweiten Tochter bekam. Sie traute sich kaum noch aus dem Haus, jede noch so kleine Menschenansammlung löste Panik bei ihr aus. Sich im Supermarkt an die Kasse stellen, mit den Kindern ins Kaufhaus gehen – alles vollkommen undenkbar. Also begann sie, im Internet zu bestellen: Lebensmittel, Kleider, Bücher, Wein, Spiele für die Kinder, Geschenke zu Weihnachten und zum Geburtstag – einfach alles.

Er liebte sie und fand das deshalb in Ordnung, auch wenn er immer häufiger sorgenvoll auf die Kontoauszüge schauen musste. Ihr ging es schlecht, und er wollte einfach bloß, dass ihre Lebensfreude endlich wieder zurückkehrte, ihr sprudelndes, weltumarmendes Wesen, in das er sich damals so sehr verliebt hatte.

Mit der Therapie, die sie dann anfing, besserte sich ihr Zustand allmählich. Zaghaft fing sie an, wieder vor die Tür zu gehen, sich mit Freunden zu treffen, irgendwann traute sie sich auch mit ihm zusammen unter größere Menschenansammlungen. Er freute sich über jeden ihrer Fortschritte, und war er auch noch so klein. Eines Tages beendete der Psychologe die Therapie: »Sie brauchen mich jetzt nicht mehr.« Endlich!

»Was blieb, war ihr Hang zum unkontrollierten Geldausgeben. Sie bestellte weiterhin fröhlich im Internet, aber jetzt ging sie ja auch wieder raus zum Shoppen«, jammert er. »Das ganze Haus ist voll bis oben hin mit Kram, den kein Mensch braucht – ich am allerwenigsten. Sie kann mit Geld einfach nicht umgehen.«

»Hat Ihre Frau jemals wieder angefangen zu arbeiten?«, frage ich.

»Nein. Ich habe ihr das ja auch schon nahegelegt. Aber sie meint, dass das zu belastend für sie sei und sie auch nicht genügend Zeit für einen richtigen Job habe. Dabei sind unsere Kinder inzwischen schon 13 und 14, also gar nicht mehr so betreuungsbedürftig. Ich weiß einfach nicht mehr, was ich tun soll. Die Kosten wachsen mir über den Kopf, aber sie hat überhaupt kein Gefühl dafür. Schlimmer noch, es interessiert sie überhaupt nicht.«

Jedes Mal, wenn er mit ihr über die finanzielle Situation sprechen wolle, sage sie: »Immer geht's dir nur um das verdammte Geld.« Beim letzten Mal habe er sie angeschrien: »Ich habe doch keine Gelddruckmaschine im Keller stehen.« Da ist sie aufgestanden, hat ihre Sachen gepackt und ist vorübergehend zu ihrer Freundin gezogen.

Dieser Frau weiter Geld zu geben hätte nichts mit Liebe zu tun. Hier geht es nicht um Liebe, sondern um Sucht. Und wenn ihr Mann weiter mitmacht, bleibt die Sucht, aber die Liebe hat keinen Platz mehr.

In unseren Gesprächen lernt er, sich von Schuldgefühlen zu befreien und sich selbst wieder mehr wertzuschätzen, wenn er nicht einfach alles gibt, was seine Frau von ihm verlangt. So bleibt sie bei der Freundin und beschimpft ihn als geizig und egoistisch. Das Alleinsein ist zeitweise die Hölle für ihn. Aber er ist weiterhin konsequent und gibt seiner Frau nicht mehr länger grenzenlos Geld.

Irgendwann beginnen beide mit der nötigen Distanz

neue, ehrliche Gespräche. Vieles dreht sich um Einsamkeit und fehlende emotionale Nähe. Sie erzählt ihm, wie alleingelassen sie sich oft mit den Kindern gefühlt hat. Er redet über seine Hilflosigkeit, als es ihr so schlecht gegangen ist. Mit der Zeit verliert das Geld in dieser Ehe seine Macht, und die gegenseitige Anziehungskraft und die Liebe können sich wieder einstellen.

MEIN TIPP FÜR DENJENIGEN, DER FINANZIELL ABHÄNGIG IST

Übernehmen Sie Verantwortung für Ihr Glück und überlegen Sie sich: Was kann ich gut? Wozu habe ich Lust? Was kann ich noch lernen? Was möchte ich schon lange Neues lernen? Reicht das aus, um finanziell auf eigenen Beinen zu stehen? Ist zumindest schon mal ein erster Schritt möglich? Solche Schritte kosten Kraft. Sie zwingen uns ins Ungewisse und raus aus der gut gepolsterten Wohlfühlzone, rein in ein Abenteuer, dessen Ausgang Sie nicht kennen.

Erst wenn Sie sich in die finanzielle Unabhängigkeit entlassen, werden Sie Ihrem Partner auf Augenhöhe begegnen können. Dann brauchen Sie nicht mehr zu allem Ja und Amen zu sagen, einzig und allein aus der Angst heraus, dass der Geldhahn zugedreht werden könnte. Glauben Sie an sich und Ihren ganz persönlichen Weg!

MEIN TIPP FÜR DENJENIGEN,
DER DIE FINANZIELLE VERANTWORTUNG TRÄGT

Fragen Sie sich, was Ihre Motivation ist: Geben Sie, weil Sie glauben, ohne das nicht zu genügen? Dann verstecken Sie ein Gefühl der Wertlosigkeit hinter der vermeintlichen Großzügigkeit. Geben Sie aus einem Schuldgefühl heraus? Oder geben Sie auf Augenhöhe? Teilen Sie Ihre Kräfte besser ein und trauen Sie sich, Grenzen zu setzen.

Zauber oder Zuwendung

Er: »Du hast doch gerade erst
die schöne Tasche bekommen ...«
Sie: »Ich will keine Tasche, ich will dich!«

Das Paar lebt aus beruflichen Gründen an getrennten Orten. Beide waren zuvor schon einmal verheiratet.

»Wir haben zwei Stunden«, sage ich, »worum geht es Ihnen heute, was ist Ihr Ziel?«

»Mein Ziel ist es, Herr Zurhorst, dass wir einmal mehr in der Woche telefonieren«, sagt sie.

»Hm, ich glaube, das kriegen wir hin, dafür dürften zwei Stunden reichen.« Und an ihn gewandt: »Was sagen Sie dazu?«

»Ich weiß gar nicht, was meine Frau meint. Wir telefonieren doch jeden Abend. Ich habe dafür immer ein Zeitfenster von einer halben Stunde fest reserviert. In dieser Zeit kann ich alles erzählen und auch alles hören, was bei ihr los war.«

»Es geht mir um etwas ganz anderes«, sagt sie, »mir

geht es gar nicht um das Telefonat, mir geht es doch um ihn und die Zeit, die wir miteinander haben.«

»Aber wir verbringen doch jedes Wochenende zusammen. Und dann mach ich für dich doch den ganzen Zauber.«

»Was meinen Sie mit Zauber?«, frage ich.

»Wir machen Städtereisen, die organisiere ich, dann kaufe ich ihr immer mal wieder was Schönes, eine neue Tasche oder einen schicken Gürtel. Das hat sie doch so gern.«

Während er das sagt, sackt sie immer mehr in sich zusammen.

»Ist es das, was Sie meinen?«, frage ich sie.

»Nein«, sagt sie da, »ich will doch den Zauber gar nicht. Ich will mehr von ihm, einfach mehr qualitätvolle Zeit mit ihm.«

Ich wende mich ihm zu: »Hören Sie das? Es geht ihr nicht um den Zauber. Es geht ihr um etwas anderes, es geht um Sie, um mehr Nähe und mehr Zeit mit Ihnen.«

»Endlich ist es mal ausgesprochen«, sagt sie, »dich will ich. Alles andere ist mir vollkommen egal.«

Für einen Moment herrscht Stille. Der Mann ist sprachlos und ganz Gefühl. Er kann es nicht fassen, dass sie einfach nur ihn will – und dafür muss er noch nicht mal mehr tun, mehr Zeit investieren oder mehr Geld ausgeben.

Zwischen Nähe und Distanz

Plötzlich sagt er: »Weißt du was? Mein Job ist lukrativ, aber eben auch zeitaufwendig. Was hältst du davon, wenn ich ihn kündige? Ich meine das wirklich ernst! Ich ziehe zu dir und suche mir in deiner Nähe was Neues. Für mich ist es ja nicht so schwer, eine neue Arbeit zu finden. Dann bekomme ich auch deine Kinder mehr mit, und ich bin ganz bei dir.«

Nicht gerade Begeisterung, die ihr da im Gesicht steht. Die Frau, die eben noch deutlich nach mehr Nähe verlangte, hat sich jetzt in die hinterste Ecke eines Schneckenhauses verkrümelt.

Er schaut sie geradeheraus an. Sie blickt zu Boden. Eine extreme Kehrtwendung innerhalb von einer halben Stunde, wie ich sie selten bei einem Paar erlebt habe.

»Hm ...«, sagt sie und sackt noch ein Stückchen weiter in den Sessel. Es ist offensichtlich: Das ist ihr doch zu viel. So viel Nähe scheint ihr Angst zu machen. Sie ist selbst überrascht. Es war ihr gar nicht klar, dass nicht nur ihr Partner, sondern auch sie selbst Angst vor der Nähe hat.

Lange hat sie gehofft und sich danach gesehnt. Wollte mehr Zeit und mehr Verbindung – von ihm. Hat ihn für die Misere verantwortlich gemacht. Geglaubt, nur er müsse endlich was tun, und dann wäre alles gut. Aber jetzt, wo sie erstmals eine Aussicht auf echte Nähe von ihm bekommt, stellt sie fest, dass sie den zu ihrer Angst passenden distanzierten Partner hat. Einen, der genau so viel Abstand zu ihr gelebt hat, wie sie unbewusst aushalten konnte.

Dieses Zusammenspiel bedingt sich in den allermeisten Partnerschaften. Der, der viel sehnt, trifft auf den, der viel geht. Beide haben das Einander-nah-Sein nicht gelernt. Wenn der, der geht, endlich kommt, dann ist der, der sehnt, meist überfordert. Und wenn der, der sehnt, einen Schritt zurückgeht, dann dreht der, der geht, plötzlich um. Die beiden sind unbewusst also ein perfekt zueinander passendes Paar. Wenn beide jetzt etwas anderes wollen, müssen sie vielleicht zum ersten Mal überhaupt ein für sie richtiges Maß an Nähe leben lernen.

Die beiden sind an diesem Morgen überrascht von sich selbst. Jeder muss seine bisherige Position in der Beziehung in Frage stellen. Beide lernen, dass eine Entwicklung hin zu echter Nähe wenig mit Zauber und genauso wenig mit Sehnen zu tun hat, dafür viel mit einer Entdeckungsreise zu sich selbst und der Überwindung von Angst und alten Gewohnheiten.

MEIN TIPP FÜR IHN

Gemeinsame aufwendige Aktivitäten und Geschenke sorgen nicht für Nähe, sie verdecken die fehlende Nähe oft. Es geht auch nicht darum, dass Sie ab jetzt 24 Stunden Ihrer Frau nicht mehr von der Seite weichen. Vielmehr müssen Sie lernen, wirklich da zu sein, wenn Sie mit Ihrer Partnerin zusammen sind – ohne Ablenkung und ohne Action. Lernen Sie, über das zu reden, was gerade in Ihnen vorgeht.

Die Kommunikation darf ruhig langsam und holperig sein. Wenn Ihnen das unangenehm ist, dann drücken Sie einfach aus, dass Sie nicht wissen, was Sie jetzt tun sollen. Sie können sicher sein: Es geht Ihrer Partnerin viel weniger um das, was Sie tun, als um das, was Sie gerade sind oder fühlen.

MEIN TIPP FÜR SIE

Gestehen Sie sich ein, dass auch Ihnen nicht wohl bei der Sache ist. Dass Sie sich zwar Nähe wünschen, aber selbst noch gar nicht wissen, wie Sie damit umgehen. Es kann gut sein, dass Sie auf einmal Angst bekommen, wenn er endlich seinen Aktivitätsradius von draußen nach drinnen verlegt. Es kann sein, dass es Sie beklemmt. Alles in Ordnung!

Wichtig ist jetzt nur: Teilen Sie es ihm mit. Denn es ist genau dieses Mitteilen, das Sie entspannen wird. Und dieses Entspannen wiederum fühlt sich nach Nähe an. Nähe braucht weder schöne

Gefühle noch symbiotisches Zusammensein. Nähe braucht den aufrichtigen Ausdruck der Gefühle, die gerade da sind. Auch wenn sie nicht so schön sind.

Rückzug und Klammern

Er: »Dann trennen wir uns halt.«
Sie: »Aber ich liebe dich doch.«

»Dann trennen wir uns halt.« Diesen Satz kenne ich nur zu gut – aus meiner eigenen Ehe. Immer wenn ich mich damals in die Ecke getrieben fühlte oder mir nicht mehr zu helfen wusste, habe ich den Satz ins Gefecht geführt. Mit ihm war klar: Jetzt habe ich erst mal meine Ruhe. Schon seit einiger Zeit wuchs damals in mir das Gefühl, dass meine Frau mich so, wie ich mich ihr gegenüber und zu Hause verhielt, nicht mehr wollte. Aber zu einem offenen und klärenden Gespräch waren wir nie wirklich in der Lage. Mir fiel es wie den meisten Männern schwer, mich mit der Partnerin, aber auch mit den eigenen Fehlern und Unzulänglichkeiten auseinanderzusetzen.

Gefühlsblockade als Mittel zur Abgrenzung

Meine Erfahrung ist, dass Männer eine viel größere Tendenz haben, dichtzumachen und zu blockieren, um sich nicht ihrer Verletzlichkeit, überhaupt ihren Gefühlen stellen zu müssen. Bevor sie Schmerz und Unsicherheit erleben müssen, liebäugeln sie lieber mit Trennung und tauchen ab.

Für Frauen wirkt das oft ablehnend und hartherzig, wie eine Absage an die Liebe. Tatsächlich steckt bei den Männern einfach nur Hilflosigkeit dahinter. Die meisten kennen nur die Flucht als Mittel zur Abgrenzung.

Wenn Sie als Frau immer wieder zugucken müssen, wie sich Ihr Partner in schwierigen Situationen zurückzieht, dann hilft es vielleicht, sich Folgendes vor Augen zu halten: Ich bin hier nicht die verlassene Schwache, und er ist nicht der Starke, der jederzeit bestimmen, beenden und mich im Stich lassen kann. Sie haben es einfach nur mit einem Menschen zu tun, der nicht weiß, wie man mit schwierigen Gefühlen umgeht.

Sie können sich fragen: Was bewegt mich? Was macht mich lebendig? Was habe ich mir nicht zugetraut? Was habe ich mir immer verkniffen? Was habe ich mir so lange nicht mehr erlaubt? Welche Sehnsüchte habe ich weggedrückt? Vertrauen Sie darauf, dass Sie die Antworten kennen. Und probieren Sie Neues aus, egal wie lähmend sich der Widerstand anfühlen mag.

Seien Sie beharrlich, aber auch geduldig. Jetzt geht es

darum, Ihre alten Ängste und Gewohnheiten zu überwinden. Ihr Partner ist dabei nur sekundär von Bedeutung, auch wenn wieder und wieder aller Frust und alle Wut und Angst hochkochen. Machen Sie einen Schritt und noch einen auf Ihrem Weg. Und bleiben Sie bei sich! Sie sollten auch aufhören, Dinge für ihn zu tun, sich um sein Wohl zu sorgen. Dafür ist er ab jetzt selbst zuständig! Das heißt: keine Wäsche waschen, kein Essen kochen, keine Hemden bügeln.

Was tun, wenn der Fluchtreflex einsetzt?

»Aber ich liebe dich doch.« Diesen Satz bekommen viele Männer genau an dem Punkt zu hören, an dem sie am liebsten alles hinschmeißen würden, weil sie die emotionale Achterbahnfahrt und das ewige Zetern und Zerren ihrer Partnerin leid sind. Weil es scheinbar nicht möglich ist, ein Gespräch mit ihr zu führen, ohne dass die Gefühle mit hineinspielen. Dann möchten sie einfach nur ihre Sachen packen, die Tür hinter sich ins Schloss werfen und gehen. Wenn die Frau dann klammert, macht das alles nur noch schlimmer. Dann bäumt sich erst recht Widerstand in ihnen auf, und schon ist es raus: »Dann trennen wir uns halt!«

Die Tür hinter sich zuzuschlagen, das Handy auszuschalten oder einfach in die nächste Kneipe oder ins Büro zu gehen, wenn sich zu Hause Stress anbahnt, mag kurzfristig befreiend sein, ist jedoch nicht die Lösung. Wer nicht lernt, sich mit der Partnerin auseinanderzusetzen und mit der eigenen Verletzlichkeit offen umzugehen, wird nie eine wirklich tiefe Beziehung führen können.

Wenn Sie sich abschotten, erreichen Sie auf Dauer nichts. Es braucht jetzt genau die entgegengesetzte Bewegung: Gehen Sie auf das Problem zu und lernen Sie seine Ursachen und Hintergründe besser kennen. Haben Sie sich schon einmal gefragt, warum Ihre Frau so agiert, warum sie in dieser tiefen Verzweiflung steckt? Vielleicht weil sie sich schon lange nicht mehr von Ihnen wahrgenommen und gesehen fühlt. Weil sie Sie nicht richtig erreichen kann. Weil Sie ein Meister darin sind, Ihre Gefühle unter eine Käseglocke zu packen und Mauern um Ihr Herz hochzuziehen. Aber genau diese Mauern versucht Ihre Frau ständig niederzureißen, um den Menschen dahinter zu erleben – nämlich Sie!

Solange alles schön sachlich ist, ist es für Sie in Ordnung. Solange nicht zu sehr an den Dingen gerührt wird, auch. Allerdings ist das ganz und gar nicht in Ordnung für Ihre Frau und für das Wachstum Ihrer Partnerschaft. Erkennen Sie, dass hier zwei Ängste eine unheilvolle Allianz eingehen: bei Ihnen die Angst vor der schonungslosen, verletzlichen Konfrontation und bei Ihrer Frau die Angst vor dem Auseinanderbrechen.

Immer wenn ich mich in meiner Ehe in die Enge gedrängt fühlte oder mit meinem Latein am Ende war, hatte ich das Bedürfnis, alles hinter mir zu lassen und neu anzufangen. Das Problem ist nur: Wenn man aus der Verletzung herausgeht, ohne sie zu benennen, ohne sie sich anzuschauen, ohne sie offenzulegen, wird sie im Inneren versiegelt, und die Verletzung wird Sie dann unbewusst weiterhin im Griff haben. So vergeben Sie eine große Chance für Ihr eigenes Wachstum.

Vorübergehende Trennung innerhalb der Beziehung

Stattdessen wäre es jetzt sinnvoll, sich vor allem mit sich selbst auseinanderzusetzen. Hilfreich ist oft eine mentale Trennung innerhalb Ihrer Beziehung. Das bedeutet, dass Sie sich beide nicht mehr darauf fokussieren, etwas gegen den anderen zu tun, sondern dass Sie strikt voneinander loslassen. Jeder konzentriert sich auf sich selbst und kümmert sich darum, sein eigenes Leben zu sortieren. Dafür muss nicht unbedingt einer aus der gemeinsamen Wohnung ausziehen. Doch getrennte Schlafzimmer oder ein

111

Rückzugsort für jeden wären hilfreich. Keine gemeinsamen Höflichkeitsveranstaltungen für andere, keine leere Routinegemeinsamkeit. In dieser Zeit sollte keiner von Ihnen zurück in die alte Komfortzone. Das ist ein unbequemer Kraftakt, aber ein befreiender. Sicher kommen dabei unangenehme, manchmal auch Angst einflößende Gefühle hoch. Aber dadurch haben Sie endlich die Chance, sich diesen Gefühlen zu stellen und aus ihnen herauszuwachsen.

Dieses seelische Wachstum ist der Nährboden, auf dem langsam eine neue Beziehung gedeihen kann. Gerade die bewusst durchlebte Krise bietet Ihnen beiden die Chance, sich auf einer neuen Ebene wieder anzunähern und ein neues Miteinander zu versuchen.

Aber Achtung: Männer verwechseln eine solche vorübergehende Trennung innerhalb der Beziehung oft mit einer Freikarte, jetzt innerlich komplett auszusteigen. Stattdessen sollte diese Phase dazu dienen, Ruhe und Raum für jeden einkehren zu lassen. Aber beide müssen diesen Raum auch wirklich aktiv nutzen.

Als ich in dieser Situation war und das Ziehen und Zerren plötzlich aufhörte, war ich erst mal erleichtert, dass die Verbindung zu meiner Frau endlich unterbrochen war. Doch das, was ich in der Folgezeit immer mehr spüren musste, war: »Jetzt gibt es gar keine Verbindung mehr. Weder zu ihr noch zu mir selbst.« Das fühlen zu müssen war ziemlich furchtbar. Mit einem Mal war ich ganz auf mich zurückgeworfen. Da war nichts als eine große innere Leere. Und die galt es wieder aufzufüllen – mit etwas Eigenem.

Klar ist: Anfangs werden Sie sich vermutlich verletzlicher fühlen. Aber gerade das führt zu einer völlig neuen Form von Lebendigkeit. Sie werden erfahren, wer Sie auch noch sind. Und das wiederum kann Ihnen ermöglichen, zu Hause endlich den Platz einzunehmen, der von Ihnen noch nie besetzt wurde.

Ich bin durch dieses innere Aufräumen auf jeden Fall deutlich näher an mich selbst und damit auch an meine Frau und meine Tochter herangerückt. Wenn meine Tochter früher gefragt wurde: »Wie geht es denn deinem Papa?«, dann hat sie geantwortet: »Weiß ich nicht, der arbeitet viel, und am Wochenende ist er lustig, und wir unternehmen was Tolles.« Heute weiß sie, wie es mir geht, weil ich Teil der Familie bin, weil sie mich authentisch erleben kann und mir dadurch nah ist. Für mich ist dieser neue Umgang mit mir und meiner Familie so wertvoll, weil ich echt sein darf und zu Hause keine Rolle mehr einnehmen muss.

Es sind natürlich nicht immer nur die Frauen, die klammern, und die Männer, die ihre Schotten dichtmachen. Genauso kann es umgekehrt sein. Deshalb richten sich die folgenden Tipps jeweils an Männer und Frauen, je nachdem, in welcher Rolle sie sich innerhalb der Beziehung befinden.

 ## MEIN TIPP FÜR DENJENIGEN, DER KLAMMERT

Ihre wichtigste Übung ist es, bei sich zu bleiben und das zu tun, wovor der andere wegrennt, nämlich zu fühlen, was gerade zu fühlen ist. Auch wenn Sie gerade wütend sind und ihm (ihr) am liebsten den Hals umdrehen würden – wenn Sie ehrlich sind, ist unten drunter Angst. Angst davor, verlassen zu werden. Angst vor dem Alleinsein. Haben Sie den Mut, von Ihrem Partner loszulassen und genau das zu fühlen. Wenn Sie ruhig dabeibleiben und diese Gefühle bewusst wahrnehmen, lassen sie nach.

Bei mehrmaligem Üben stellt sich langsam wieder der Sinn für Eigenmacht ein. Sie erleben, dass Sie für Ihre Gefühle verantwortlich sind. Sie können zwar keinen anderen Menschen dazu bewegen, das zu tun, was Sie gern hätten. Aber Sie können selbst etwas ändern: Sie können gut für sich sorgen. Sie sind nicht abhängig. Sie müssen nicht klammern, wenn der andere auf Abstand geht.

Je öfter Sie dieses Loslassen praktizieren, desto mehr Halt bekommen Sie. Und dann können Sie beginnen, sich die Frage zu stellen: Brauche ich nicht etwas mehr Abstand von jemandem, der sich nicht wirklich einlassen und verletzlich zeigen kann? Wenn es schon so weit ist, dass die Trennungsfrage wiederholt von Ihrem Partner in den Raum gestellt wird, dann gilt es erst recht, das Loslassen zu üben. Auch wenn Sie von Verlassensängsten geplagt werden und panisch denken: »Oh nein, er (sie) darf nicht gehen. Ich liebe ihn (sie) doch.« Klammern Sie sich nicht weiter an die Vorstellung »Wir müssen es schaffen«. Und wenn die hilflose Wut zu groß wird – hören Sie trotzdem mit den Vorwürfen auf.

MEIN TIPP FÜR DENJENIGEN, DER AUF UND DAVON WILL

Auch für Sie geht es jetzt einzig und allein darum, dass Sie Ihre eigenen Gefühle wahrnehmen – ohne sie zu bewerten. Sich der Hilflosigkeit hinter den Fluchtreflexen zu stellen und zu lernen, darüber zu kommunizieren, das sollte in dieser Sache Ihr Hauptjob sein.

MEIN TIPP FÜR BEIDE

Gehen Sie einen Schritt zurück, und entscheiden Sie sich für freiwilligen Entzug von dieser unguten Klammer-Flucht-Dynamik, in die Sie beide verstrickt sind. Erkennen Sie, dass hier gerade alle beide nicht wissen, wie sie mit dem anderen umgehen und mit ihm verbunden sein können. Jetzt ist es wichtig, Abstand voneinander zu gewinnen, sich zu sortieren und womöglich neu aufeinander einzulassen.

Keine Diskussionen mehr! Lassen Sie Ruhe einkehren und versuchen Sie, auch wenn es anfangs schwerfällt, sich auf Ihren Weg zu konzentrieren. Besinnen Sie sich jeder auf sich selbst, auf Ihre eigenen Bedürfnisse, auch wenn es sich fremd anfühlt und wehtut.

Vorsicht vor Vampiren!

Sie: »Ich fühle mich völlig ausgesaugt.«
Er: »Aber ich trage dich doch auf Händen.«

»Wir sind jetzt ein knappes Jahr zusammen, und ich fühle mich total leer.« Die junge Frau, die das sagt, ist deutlich jünger als der Mann an ihrer Seite. Auf den ersten Blick wirkt sie zart und scheu. Das Paar ist nicht verheiratet. Er hat immer noch Stress mit seiner ersten Ehefrau, die ihn seit vielen Jahren unverändert mit Forderungen verfolgt. Die zweite Frau hat ihn verlassen, weil sie es nicht mehr mit ihm ausgehalten hat. Sie lässt keine Chance aus, sich über ihn zu beklagen.

Und nun sitzt er mit seiner dritten Partnerin hier bei mir auf dem Sofa. »Egal was ich auch tue, ich kann es den Frauen einfach nie recht machen. Alle sind irgendwann unzufrieden. Meine Exfrauen wollen mehr Geld, meine jetzige Frau will weg«, klagt er.

Das kleine Kind im Mann

Sie hat bisher allein in einer anderen Stadt gewohnt und ist auf sein Bitten und Drängen zu ihm gezogen. Sie hat ihre Freunde zurückgelassen, den Job aufgegeben und angefangen, in seiner Firma zu arbeiten.

»Ich habe das Gefühl, ich ersticke«, bricht es da aus ihr heraus, »ich brauche endlich mal wieder eigene Freunde, ein eigenes Leben.«

»Ich versteh das nicht. Wozu brauchst du die anderen – wir haben es doch schön zusammen.« Als er das sagt, legt er die Hand auf ihren Arm. Sie zuckt zurück. Seine Berührung ist ihr sichtlich unangenehm.

»Was wünschen Sie sich denn von ihm?«, frage ich sie.

»Dass er mich loslässt und irgendetwas mit sich selbst anfangen kann.«

»Aber Beate ...« Er winkt ab, doch seine Stimme wirkt dabei kraftlos.

»Das stimmt doch. Seit ich mit deiner Exfrau gesprochen habe, ist mir klar geworden, dass du mit allen Frauen immer das Gleiche machst. Du saugst sie aus.«

»Was macht er denn, was sich so schrecklich anfühlt?«, frage ich.

»Nix, das ist ja das Furchtbare. Wenn ich wenigstens wütend auf ihn sein könnte, weil er irgendetwas falsch macht oder gar nicht macht. Seinen Job kriegt er ja hin. Aber mit mir zu Hause, da ist es, als ob ein kleiner, lieber Junge da ist, der sich nicht selbst beschäftigen kann und immer seine Mama braucht.«

Sie fühlt sich zunehmend unwohl in der Beziehung, ohne dass es konkrete Auslöser gegeben hätte. Mit der Zeit wurde sie von Schuldgefühlen geplagt. Machte sich Vorwürfe, dass sie so undankbar war, obwohl er doch immer nur mit ihr zusammen sein wollte. Das alles änderte sich in dem Augenblick, als eine seiner Exfrauen bei ihr anrief und sie sich eingestehen musste, dass alle Frauen vor ihr sich an seiner Seite irgendwann genauso gefühlt hatten wie sie: leergesogen und nur noch auf Abstand bedacht.

Äußerlich ist dieser Mann selbstständig, aber wenn er neben seiner Partnerin sitzt, wirkt er emotional sehr bedürftig. Während er erzählt, wird deutlich, dass er überhaupt nicht allein sein kann und extrem viel persönliche Zuwendung und Anerkennung braucht. Die Frauen kommen bei ihm immer an einen Punkt, an dem sie einfach nur noch dichtmachen. Weil in all seinem Geben immer auch ein emotionales Nehmen steckt. Er lädt die Frauen in sein Leben ein, aber dann braucht er sie, um die Angst vor der eigenen Hilflosigkeit nicht zu spüren.

Ich rate Menschen selten zu einer Therapie, weil ich der Meinung bin, dass Beziehungsprobleme zu unser aller Alltag gehören und oft durch gezielte Impulse von außen und mit persönlichem Engagement beider gelöst werden können. Doch diesem Mann konnte ich nur dringend eine psychotherapeutische Begleitung empfehlen. Aller Wahrscheinlichkeit nach wäre er auch mit neuen Einsichten nicht zu einer echten Partnerschaft fähig. Er ist überhaupt nicht in der Lage, mit sich allein zu sein. In ihm sind starke emotionale Verletzungen unbewusst am Werk, die ihn immer dazu zwingen werden, Frauen zu benutzen, um den eigenen Schmerz nicht spüren zu müssen. Er wird wie ein gefühlshungriger Vampir unterwegs sein und ein Beziehungs-Hopper bleiben müssen, bis er lernt, seine Löcher selbst zu stopfen.

MEIN TIPP FÜR DENJENIGEN, DER NICHT ALLEIN SEIN KANN

Sie haben nur eine einzige Aufgabe: zu lernen, mit sich zu sein. Das ist nicht leicht. Manchmal wird es sich sogar wie die Hölle anfühlen. Aber erst wenn Sie sich dieser Auseinandersetzung mit sich selbst stellen, werden Sie aufhören können, andere wie eine Art emotionale Tankstelle zu brauchen. Und Sie werden langsam erkennen, woran Ihre alten Beziehungen immer wieder gescheitert sind. Erst wenn Sie mit sich allein sein können, macht es auch anderen Spaß, mit Ihnen zusammen zu sein.

MEIN TIPP FÜR DENJENIGEN, DER SICH AUSGESAUGT FÜHLT

Ihre Aufgabe ist es zu gehen, auch auf die Gefahr hin, dass der andere sich verletzt fühlt. Sie zerstören damit nicht sein Leben, sondern Sie helfen ihm vielmehr, endlich die Verantwortung zu übernehmen.

Ich habe immer wieder wütende und enttäuschte Frauen erlebt, die es nicht fassen konnten, dass sich ihr Mann, sobald es kriselte, sofort anderen Frauen zugewandt hat. Und ich kann allen Frauen, die einen bedürftigen Beziehungs-Hopper als Mann haben, nur raten: Entweder geht er ernsthaft dem Thema auf den Grund, oder Sie sollten ihn weiterhoppeln lassen!

Feiern ohne Ende?

Er: »Ich will doch nur ein bisschen Spaß haben.«
Sie: »Auf Partys erkenne ich dich nicht wieder.«

Erstaunlich ehrlich und unverstellt erzählt die Frau gleich zu Beginn unserer Sitzung, wie einsam, verlassen und wertlos sie sich fühlt. »Mittlerweile werde ich immer unsicherer. Mir ist schon lange nicht mehr klar, warum er eigentlich mit mir zusammen ist. Die meiste Zeit fühle ich mich wie bestellt und nicht abgeholt.«

Sie erzählt vom letzten Wochenende: »Da war es wie immer, wenn unsere gemeinsame Freizeit beginnen könnte: Er lässt mich irgendwo stehen und geht seiner eigenen Wege.« Diesmal war es für die Frau noch schlimmer als sonst. Ihre beste Freundin wurde vierzig, und sie war mit ihrem Mann zusammen dort eingeladen: »Kaum waren wir auf der Party gelandet, schnappte er sich den ersten Begrüßungsdrink und ward nicht mehr gesehen.«

»Was erwartest du denn? Ich habe doch nur unseren Freunden Hallo gesagt«, wirft er ein.

»Ach ja?«, sie ist sichtlich genervt. »So läuft es doch jedes Mal. Die Begrüßungszeremonie dauerte glatte fünf Stunden, nämlich bis ich dich mitten in der Nacht sturzbetrunken ins Taxi hievte. Ab dem Moment, in dem du den ersten Fuß durch die Tür getan hattest, war ich Luft für dich.«

»Martina, wozu ist das jetzt gut?«

»Einer muss doch mal die ganze Wahrheit hören, dafür sind wir schließlich hier. Herr Zurhorst, wir sind jedes Wochenende unterwegs. Und unterwegs sein heißt, dass er stets einen ordentlichen Pegel hat, damit es auch schön lustig wird. Dann findet er alle toll, und ausgerechnet mein Mann, der im nüchternen Zustand vor anderen Leuten nicht mal den Arm um mich legen würde, der hat plötzlich alle lieb.«

»Genau das wollte ich Ihnen eigentlich ersparen, Herr Zurhorst. Können wir nicht mal bei den Fakten bleiben?« Er schaut mich an, ganz selbstverständlich nach männlicher Unterstützung suchend.

Ich kann ihm diese Unterstützung in diesem Moment nur nicht bieten. »Für mich ist das völlig in Ordnung. Ich bin dankbar, wenn Ihre Frau gleich so ehrlich beschreibt, wie es ihr geht. Aber eine Frage an Sie: Haben Sie eigentlich eine Ahnung, wie es Ihrer Frau an solchen Abenden tatsächlich geht?«

»Das ist ja das Problem«, fällt sie ein, »er kriegt doch schon lange nichts mehr von mir mit!« Der Mann verschränkt die Arme vor der Brust und schweigt.

»Wie geht es Ihnen gerade«, frage ich ihn.

»Ehrlich gesagt bin ich sprachlos. Immer wieder dieselben Vorwürfe. Wir haben doch schon hundertmal darüber gesprochen«, sagt er.

»Aber wenn Sie Ihre Frau jetzt erleben – haben Sie den Eindruck, die Gespräche hätten irgendwas geändert?« Er schüttelt den Kopf.

»Wie geht es Ihnen denn eigentlich an diesen Abenden?«

»Gut«, antwortet er.

»Das wundert mich. Denn eigentlich kriegst du doch nach kurzer Zeit gar nichts mehr mit. Wenn du erst mal deinen Feierpegel erreicht hast, gibt's dich doch gar nicht mehr. Dann ist alles nur noch eine Soße«, wirft sie ihm da vor die Füße.

»Und wie ist es denn dann für Sie, wenn es ihn nicht mehr gibt?«

Da fängt sie an zu weinen. »Ich fühle mich wie Luft. Wenn man zu zweit ist und doch immer allein, das ist viel einsamer als wirklich allein.«

»Und was ist so schlimm daran, wenn er an so einem Abend trinkt?«

»Er ist dann ein ganz anderer«, sagt sie. »Ich kann ihn überhaupt nicht mehr erreichen. Ich fühle mich inzwischen einfach nur noch ohnmächtig, denn der Alkohol gewinnt immer, und zwar nicht nur auf Festen, sondern auch zu Hause.«

»Du stellst mich wie einen Alkoholiker hin!« Das scheint ihn endlich aus der Reserve zu locken.

»Aber mal ehrlich: Schaffst du es denn mal einen Abend ohne Alkohol?« Er verdreht die Augen.

»Eben haben Sie sich Fakten gewünscht. Jetzt sind wir bei den Fakten: Können Sie oder können Sie nicht?«, frage ich ihn.

Spätestens an diesem Punkt würde er zu Hause gehen. Aber hier schaut er schüchtern, fast hilflos zu Boden: »Ich will doch nur ein bisschen Spaß haben«, lautet seine Antwort, die dafür sorgt, dass seine Frau sich endlich im Sessel neben ihm entspannt. Die Mauer der Abwehr ist durchbrochen.

Gesellschaftsdroge Alkohol

Alkohol ist ein Thema, das ganz selbstverständlich zum Alltag etlicher Paare dazugehört. Für viele ist der Alkohol oft die einzige und die schnellste Möglichkeit, sich zu entspannen, dem zunehmenden Leistungs- und Erfolgsdruck sowie den Anforderungen im Job und in der Familie zu entkommen und sich wohlzufühlen.

In meiner Arbeit erlebe ich das vor allem bei besonders gefühlvollen Menschen, die im Alltag eher kontrolliert sind, oft funktionieren und keinen natürlichen Weg mehr finden, ihre Gefühle auszudrücken, weil sie Angst haben, sich damit angreifbar zu machen, verletzlich zu zeigen und die Kontrolle aus der Hand zu geben.

Ich kann mich noch gut daran erinnern, wie ich zum ersten Mal eine Party komplett ohne Alkohol erlebt habe. Wirklich lustig war ich an diesem Abend nicht. Im Lauf der Feier fühlte ich mich immer weniger als Teil der Gruppe, sondern zunehmend wie ein Zuschauer. Seitdem kann ich gut nachvollziehen, wie es Menschen geht, wenn der Partner auf solchen Veranstaltungen stets auf »Partypegel« ist. Wenn der Alkohol dazu da ist, die Kontrolle wegzuschmelzen und uns sorglos und unbeschwert zu machen.

Alkohol kann den Verstand beiseiteschieben. Das macht er auf Knopfdruck, wie ein treuer Diener. Fast jeder hat diesen herrlich gelösten Zustand schon erlebt und weiß, wie anziehend, entspannend und leicht er sein kann. Aber Alkohol ist keine Lösung, sondern ein Suchtmittel, das nach mehr verlangt.

Verbundenheit und Leichtigkeit, Entspannung und Sichfallenlassen sind wichtige Anliegen in einer Partnerschaft. Ein Paar muss lernen, aus eigener Kraft diesen Zustand herzustellen. Wenn es bisher den Alkohol gab, dann gilt es, ihn zu ersetzen. Und da geht es für beide ein Stück weit um Entzug – von alten Gewohnheiten und Abhängigkeiten.

Für unser Paar hier geht es nicht darum, dass er nie wieder auf Partys trinken und nicht mehr ausgelassen feiern sollte. Oder dass sie künftig zu Hause bleiben oder ohne ihn ausgehen müsste. Es geht im Kern darum, dass sich beide auch wieder ohne künstliche Hilfsmittel miteinander und mit anderen entspannt und gelöst fühlen.

 MEIN TIPP FÜR BEIDE

Bevor Sie auf die nächste Party gehen, treffen Sie eine Vereinbarung miteinander. Sprechen Sie darüber, was jeder von Ihnen von diesem Abend erwartet. Finden Sie gemeinsame Schnittmengen.

 MEIN TIPP FÜR DENJENIGEN, DER ZU VIEL TRINKT

Entscheiden Sie sich für Reduktion. Bestimmen Sie einen klaren Rahmen, den Ihr Alkoholkonsum nicht überschreiten soll. Stellen Sie sich stattdessen mehr den eigenen Gefühlen und bleiben Sie in Kontakt mit Ihrem Partner.

Machen Sie einen Versuch: Auf der nächsten Party lassen Sie den Alkohol testweise einfach mal weg. Und dann trauen Sie sich an dem Abend mal, nicht auszuweichen und mitzukriegen, was in Ihnen los ist, wenn Sie nicht wie die anderen trinken. Vielleicht werden Sie ungeduldig, fühlen sich außen vor und würden die Party am liebsten verlassen. Jetzt wissen Sie, wie es Ihrem Partner geht, wenn er nüchtern ist und Sie nicht. Wenn Sie jetzt noch den Mut finden, mit ihm ehrlich über diese Erfahrung zu sprechen, könnten Sie schlagartig eine ungeahnte Nähe erleben.

MEIN TIPP FÜR DENJENIGEN, DER UNTER DEM ALKOHOLKONSUM DES ANDEREN LEIDET

Auch Sie haben eine Art Entzug vor sich. Sie müssen sich Ihren Wertlosigkeitsgefühlen stellen und sich fragen: Was bringt es mir, mich von einem Menschen abhängig zu machen, der selbst abhängig ist? Lernen Sie, sich von den Verhaltensweisen Ihres Partners abzugrenzen, die Ihnen nicht guttun. Da sind Sie jetzt gefordert! Warten Sie nicht, bis sich Ihr Partner verändert, sondern sorgen Sie selbst für Veränderung. Ganz konkret: Diskutieren Sie nicht weiter über den Alkohol. Entscheiden Sie sich, zur nächsten Party gar nicht erst mitzugehen, wenn Ihr Partner vorher keinen klaren Rahmen festlegen will. Oder gehen Sie ohne Drama rechtzeitig, wenn Ihnen sein Verhalten nicht guttut. Überlegen Sie sich jetzt bereits: Wie könnte mein Alternativprogramm aussehen?

Wut und Sprachlosigkeit

Sie: rastet aus
Er: hält die Fassung und die Luft an

»Wir müssen reden!« Wenn sie diesen Satz sagt, weiß er sofort: Jetzt geht der Stress los. Denn was mit einer recht harmlos klingenden Ansage anfängt, endet meist in einer fürchterlichen Wut-und-Hass-Tirade, bei der sie ihn ab einem bestimmten Punkt nur noch wild beschimpft.

Er hasst die Wutausbrüche seiner Frau. Und absolut unpassend findet er sie dazu. Wenn sie ausflippt, kann er meist irgendwann nicht anders, als die Augen zu verdrehen und ihr zu zeigen, dass er über so was steht: »Ganz ehrlich, meine Liebe, findest du nicht, dass das hier unter deinem Niveau ist? Man sollte doch meinen, dass sich denkende Menschen besser im Griff haben.« Was dann allerdings nur dazu führt, dass sie nun endgültig ausrastet.

Als er mit mir spricht, ist sein Selbstbild klar: Er hat so was nicht nötig. Er ist sachlich, er verliert nie die Kontrolle und steht über den Dingen. Wut gehört definitiv nicht zu seinen wohlüberlegten Umgangsformen.

Die Aggression des anderen

Falls Sie sich gerade in diesem Mann wiederfinden und die Wut ebenfalls als das schwarze Schaf unter den Gefühlen betrachten, kann ich Ihnen nur sagen: Wer einen Partner hat, der so explosiv ist wie diese Frau, der kann sich sicher sein, dass er die gleiche Wut in sich eingesperrt hat. Das ist einfach eines der Grundgesetze in Beziehungen: Wir suchen uns unbewusst genau die Partner, die leben, was wir verdrängen. Solche Tendenzen schaukeln sich im Laufe der Zeit zwischen beiden immer höher, wenn sie ihre Verdrängungen nicht anschauen: Je mehr der eine ausrastet, desto mehr friert der andere ein.

Je mehr dieser Mann mauert, desto verzweifelter und wütender wird die Frau. Mir sagt er: »Wir haben in den letzten Jahren so viel miteinander geredet, und es hat nichts genützt. Meine Frau wird immer nervöser und gerät immer schneller außer sich.« Man merkt ihm an, dass er überhaupt nicht versteht, was eigentlich in ihr vor sich geht. Dass sie ihn hilflos provoziert, endlich mal rauszuhauen, was er die ganze Zeit hinter seiner sachlichen Fassade versteckt. Dass er nicht sehen kann, wie ohnmächtig seine Frau mittlerweile ist, weil sie ihn nie ohne Kontrolle, ganz unmittelbar erleben kann. Dass sie das alles nur aus purer Verzweiflung tut, weil sie ihm anders überhaupt kein einziges Gefühl mehr entlocken kann.

Dieser Mann ahnt noch nicht, dass er seine Wut leben muss. Wer seine Wut nicht lebt, der kann auf Dauer auch seine anderen Gefühle nicht frei ausdrücken. Wer die Wut verdrängt und sich immer kontrolliert, der wird verhärmt und starr. In der Wut steckt viel Lebensenergie.

In unseren Gesprächen wird klar, dass auch in diesem Mann unterschwellig die Aggression brodelt, die seine Frau immer wieder auslebt. Er muss erkennen, dass das nicht einfach nur ein Zeichen ihrer Schwäche, sondern in gewisser Weise die gesündere Art ist, mit Gefühlen umzugehen, sofern man die Wut gelegentlich für eine innere Reinigung und äußere Klärung benutzt, ohne sich selbst oder jemand anderem zu schaden. Und es ist wichtig, nicht zum Dauerwüterich oder zur ewigen Furie zu werden. Wut ist gut zum Dampfablassen, doch die Kraft, die dahintersteckt, sollte für Klärung sorgen und irgendwann in Handlungen umgesetzt werden, damit der nächste Schritt getan werden kann. So kann sich der innere Stau lösen und wieder Frieden einkehren.

Was hinter der Wut steckt

Schwierig wird es, wenn die Wut nur noch Ohnmacht und Dauerfrust ausdrückt, wie in diesem Fall, wo die Frau mit ihren Ausbrüchen überdeutlich signalisiert: »Ich kann machen und tun, was ich will, ich erreiche dich nicht.« Für sie wäre es wichtig, einen Schritt zurückzutreten und den mittlerweile automatisierten Ausbrüchen nicht länger freien Lauf zu lassen. Wenn sie wieder in Wallungen zu geraten droht, wäre es hilfreich, sofort in sich hineinzufühlen und sich zu fragen: Was liegt unter meiner Wut? Meist sind da Angst, Ohnmacht, Traurigkeit. Oft fühlt sich ein wütender Mensch sehr allein und sieht sich nicht in der Lage, an den anderen heranzukommen. Die Frau könnte viel mehr erreichen, wenn sie das einmal vor ihrem Mann ausdrücken würde. Wenn sie ihm sagen würde: »Obwohl du da bist, fühle ich mich allein.«

Falls Sie zu denen gehören, die Wut verurteilen, müssen Sie wissen: Die Wut ist der Zugang zu all Ihren anderen Gefühlen. Die muss raus, damit der Rest von Ihnen ins Leben kommen kann.

MEIN TIPP FÜR DENJENIGEN,
IN DEM DIE WUT SCHNELL HOCHSTEIGT

Es ist wichtig, langfristig etwas gegen solche Ausbrüche zu unternehmen und zu lernen, in kritischen, emotional hochgepeitschten Situationen auf dem Boden zu bleiben. Wenn Sie anfangen innerlich zu kochen, richten Sie willentlich die Konzentration in Ihren Körper – am besten in die Füße. So bleiben Sie gut bei sich, sind verankert und können langsam Ihre Gefühle wieder steuern, ohne sie unterdrücken zu müssen.

Machen Sie sich klar, dass Sie Ihren Partner viel besser erreichen können, wenn Sie bei sich sind. Die Gefahr der Wut ist, dass Sie die Steuerung verlieren und der andere einfach auf Durchzug schaltet und nicht zuhört.

Hilfreich sind regelmäßige Techniken zur Entspannung – zum Beispiel autogenes Training, progressive Muskelentspannung oder Achtsamkeitsmeditation. Entsprechende Kurse werden inzwischen in fast allen Städten angeboten. Sie lernen dort Strategien kennen, die Ihnen helfen, den Stress besser zu verarbeiten und innerlich gelassener zu werden.

MEIN TIPP FÜR DENJENIGEN,
DER SEINE GEFÜHLE UNTER VERSCHLUSS HÄLT

Erst einmal gilt es hier, den Blick nach innen zu richten und sich die eigenen Emotionen anzuschauen – Wut, Angst, Groll. Das ist die Voraussetzung, um sie nicht länger zu unterdrücken, sondern sie stattdessen rauszulassen, sich Luft zu verschaffen und die Fassade, die ja nur ein Schutz vor den eigenen Gefühlen ist, zu sprengen. Erst wenn Sie sich erlauben, Ihre Gefühle ans Tageslicht zu lassen, werden Sie der Mensch sein, der Sie eigentlich sind, mit all seiner Zartheit und Verletzlichkeit, aber auch seiner Kraft, seiner Energie und Wahrhaftigkeit. Trauen Sie sich!

Gegner oder Sparringspartner?

Er: »Du lebst wohl in Fantasialand.«
Sie: »Ne. Im Gegensatz zu dir bin ich verheiratet.«

»Ich liebe meinen Mann wirklich sehr«, sagt die junge Frau, die da vor mir sitzt, »aber seit unsere Tochter vor einem Jahr auf die Welt gekommen ist und ich nur noch unregelmäßig arbeite, begegnen wir uns nicht mehr auf Augenhöhe. Er scheint das, was ich mache, gar nicht richtig wahrzunehmen.«

»Woran machen Sie das fest?«, frage ich.

»Seit ein paar Monaten habe ich wieder angefangen, freie Jobs als Grafikerin anzunehmen, um langsam wieder einen Einstieg zu finden«, erzählt sie. »Wir sind gerade erst hierhergezogen, weil mein Mann ein Jobangebot bekommen hat, das er nicht ablehnen konnte. Für mich als Selbstständige heißt das aber, dass ich mir hier einen ganz neuen Kundenstamm aufbauen muss – und das braucht eben seine Zeit.

In unserem kleinen Haus habe ich keinen richtigen

Platz zum Arbeiten. Also wollte ich mir auf dem Dachboden eine Kammer als Büro einrichten, in die eigentlich nur noch das Computerkabel verlegt werden musste. Als ich das bei meinem Mann ansprach, sagte er: ›So viel musst du erst mal verdienen, dass es sich überhaupt lohnt, ein Kabel dahin zu verlegen.‹«

Bisher saß ihr Mann mit vor der Brust verschränkten Armen da, aber bei ihren letzten Worten gerät er sichtlich in Rage. »Meine Frau glaubt wohl, wir leben in Fantasialand, wo Kabel an den Bäumen wachsen«, sagt er aufgebracht. Und an sie gewandt: »Hast du eine Ahnung, wie es bei uns in der Firma zugeht? Da muss ich das Geld auch erst einnehmen, bevor ich es wieder ausgeben kann.«

Die beiden beginnen eine Diskussion. Sie versucht, ihm deutlich zu machen, wie schwer es für sie ist, überhaupt Ruhe und Zeit am Stück für ihre Arbeit zu finden. Er wirkt entfernt und sorgt für Distanz zu ihr, so als ob er sich nicht noch eine Belastung neben seinem Beruf aufhalsen wolle.

»Also, wenn ich Ihnen zuhöre, habe ich das Gefühl, Sie sind immer noch Single. Auf mich wirkt es nicht so, als säße mir ein Mann gegenüber, der gerade eine Familie gegründet hat«, sage ich.

»Wie meinen Sie das denn?«, fragt er.

»Für mich klingen Sie wie ein Einzelkämpfer, aber nicht wie ein Partner.«

»Das stimmt, an seiner Seite fühle ich mich, seit unsere Tochter da ist, vollkommen wertlos«, sagt sie. »Es ist mühsam, mit dem eigenen Mann permanent um Dinge kämpfen zu müssen, die bisher eigentlich selbstverständlich waren. Denn schließlich mache ich meinen Job ja schon genauso lange wie er.«

Orientierung auf neuem Terrain

Für frisch verheiratete, junge Väter ist es nach meiner Erfahrung oft nicht leicht, sich innerlich für die Situation der Frau zu öffnen und sich mit ihr abzustimmen. Für die meisten ist es selbstverständlich, eigene Entscheidungen zu treffen und sie dann auch umzusetzen. Junge Mütter dagegen, die gerade ein Kind bekommen haben, sind aufgrund der Situation meist alles andere als selbstbestimmt. Die Welten könnten nicht unterschiedlicher sein.

Mit dem ersten Kind stellen sich ungeahnte Herausforderungen für die Beziehungspartner. Überforderung und Erschöpfung sind an der Tagesordnung, Trennungen in den ersten Jahren nicht selten.

Was Ihnen über diese Phase hinweghelfen kann: Fragen stellen. Immer wieder. Seien Sie offen und neugierig auf die Welt des anderen. Tun Sie so, als ob Sie ein fremdes Land bereisen. Wenn Sie das Gefühl haben, Ihr Partner geht gar nicht auf Ihre Bedürfnisse ein, dann nehmen Sie es nicht immer gleich persönlich. Er ist im Zweifel in seiner Welt genauso beschäftigt und überfordert wie Sie. Lernen Sie auch wertzuschätzen, was der andere tut. Beide müssen rechtzeitig Grenzen setzen – im Job und dem Kind gegenüber. Machen Sie sich klar, dass Sie beide das gleiche Ziel haben, dass es um ein Miteinander und nicht um ein Nebeneinander geht.

In dieser Zeit wird oft viel gerangelt, man fühlt sich missverstanden und entfernt vom anderen. Aber das ist auch die Zeit, wo zwei Menschen – jeder für sich – fortschreiten und beide als Paar zusammenwachsen können.

 MEIN TIPP

Je früher Sie sich eingestehen, dass es beide Kräfte für eine lebendige Partnerschaft und für den Aufbau einer Familie braucht, desto besser. Je eher Sie lernen, sich gegenseitig zu unterstützen, statt um die wenige Zeit und Zuwendung zu rangeln, desto schneller bekommen Sie die Geschenke, die eine Partnerschaft und eine Familie zu bieten haben: echte Nähe, Vertrauen und Halt – das ist das Mehr, das aus dem Zusammenwachsen von zweien hervorgeht, das man allein nicht erreichen kann.

Fremdgegangen – und nun?

Sie: »Das verzeihe ich dir nie.«
Er: »Ich konnte es dir doch sowieso nie recht machen.«

»Ganz ehrlich – das Problem ist nicht Ihr Mann. Das Problem ist: Sie sind ein Opfer«, sage ich zu der Frau, nachdem sie mir weinend die Geschichte von ihrem langen Leid als betrogene Ehefrau erzählt hat.

Volltreffer. Interessanterweise schaut sie mich nämlich erleichtert an und lächelt. Ich war eigentlich davon ausgegangen, dass dies das Letzte war, was sie von mir hören wollte. Gleichwohl scheint diese Art der Konfrontation eine Erlösung für sie zu sein. Eine der wichtigsten Spielregeln in Sachen Beziehung lautet: Die Wahrheit entspannt.

Warum hat er mir das angetan?

Eine halbe Stunde lang hatte sie mir unter Tränen erzählt, wie es sich damals anfühlte, als sie die erste E-Mail von der anderen, »diesem Miststück«, auf seinem Computer fand. Innerhalb von Sekunden war ihre scheinbar heile

Welt zusammengebrochen. Eigentlich schien doch alles prima. Das Geschäft stand nach vielen Anlaufschwierigkeiten endlich auf sicheren Beinen, die Kinder gingen gerade alle aus dem Haus, und dann hatten sie doch mit den Jahren so einen netten Kreis im Tennisclub aufgebaut, in dem sie fast jedes Wochenende verbrachten.

Nur ausgerechnet in diesem Tennisclub hatte er Woche um Woche, Monat um Monat mit ihr und der anderen an einem Tisch gesessen, angeblich rein freundschaftlich, aber wie sie jetzt erfuhr, waren die beiden längst ein Paar – und jeder wusste es, außer ihr.

Seit alles herausgekommen war, war sie nur noch unendlich wütend auf diesen Mann, der sich so klammheimlich aus ihrem Leben davongeschlichen und sie – so meinte sie – vor allen lächerlich gemacht hatte. Der Schmerz war so unerträglich, dass sie ihr Leid ohne Unterlass bei ihren Kindern, ihren Freunden, ihren Verwandten vorbrachte. Seit acht Jahren ging das nun schon so. Seit acht Jahren zog sie jeden mit hinein, der ihr nahestand.

Seit acht Jahren hatte allerdings weder sie noch ihr Mann daraus Konsequenzen gezogen. Obwohl es unzählige Beweise gab, stritt er hartnäckig alles ab. Und trotz Dauerwüten und Schimpfen hat sie bis heute nicht gesagt: »Mein Lieber, Schluss! Aus! Vorbei! Mir reicht's!« Das

Paar war aufs Schmerzlichste verfangen in einem Teufelskreis von Beschuldigungen und Abwehr, ohne irgendeine lösende Bewegung aufeinander zu oder voneinander weg.

Wie war das mit der Liebe?

Fremdgehen wird oft zu einer Schlacht, in der es vor allem um Schuldfragen anstatt um eine mutige Auseinandersetzung mit den Ursachen und eine noch mutigere Suche nach gemeinsamen Lösungen geht. Wenn der eine fremdgeht, zückt der »Betrogene« in seinem Verletztsein schnell die moralische Keule. Er fühlt sich hintergangen und belogen – vor allem aber meist im Recht.

Ich bitte die Frau, mir von den Jahren ihrer Ehe zu erzählen. Sie reiht viele äußere Begebenheiten aneinander. Vieles dreht sich um den Aufbau des Geschäfts. Oft geht es um die Kinder und deren Heranwachsen.

»Aber was haben Sie denn für eine Ehe geführt? Ich meine, einfach nur Sie als Mann und Frau?«, frage ich sie. Zum ersten Mal wird sie still und lenkt ihre Aufmerksamkeit suchend nach innen.

»Wenn Sie mich so fragen, war es eigentlich immer schon schwierig. Von Anfang an hat er mich mit der Familie allein gelassen. Alles, was die Kinder betraf, musste ich entscheiden. Mit sämtlichen Sorgen stand ich auch allein da. Eigentlich habe ich immer wie ein Single gelebt.« Ihr Tonfall ist nicht mehr anklagend. Die Frau wirkt tieftraurig. »Mein Mann konnte sehr hart werden. Ich glaube, ich habe aus Angst vor Streit schon sehr früh aufgehört zu sagen, was ich wirklich denke. Das Schlimmste war der Sex. Danach musste ich oft weinen, weil es mir wehtat. Aber ich habe mich nicht getraut, es ihm zu sagen, und gemerkt hat er es sowieso nicht.«

»Wäre es nicht gut, wenn Sie Ihren Mann mal mit hierherbringen«, frage ich sie, »damit das alles endlich bei ihm ankommen kann?«

Das heilsame Potenzial eines offenen Gesprächs

Tatsächlich kommen die beiden einige Wochen später gemeinsam. Bei diesem Treffen gelingt es beiden, frei und ehrlich darüber zu reden, wie leer und wie wenig gesehen und geachtet sie sich in den letzten Jahren in ihrer Partnerschaft gefühlt haben.

Er erzählt offen, wie es dazu kam, dass er bei der anderen Frau gelandet ist. Mit der ständigen Unzufriedenheit seiner Frau habe er sich überfordert gefühlt. Dann sei da auf einmal jemand gewesen, der ihm Aufmerksamkeit geschenkt habe. Das habe einfach gutgetan. Er habe sich wieder wie ein attraktiver Mann gefühlt.

Auch sie erzählt – von ihrer Einsamkeit all die Jahre. Und dass sie sich als Frau überhaupt nicht wahrgenommen und wertgeschätzt gefühlt habe. Nachdem sie ihrem Mann endlich ihre Verzweiflung und Hilflosigkeit hinter all den Anklagen gezeigt hat, frage ich sie: »Warum sollte einer von Ihnen in dieser Ehe bleiben wollen? Würde es da nicht sogar Sinn machen, sein Glück woanders zu suchen?«

Sie schaut mich irritiert an.

»Verstehen Sie mich nicht falsch. Fremdgehen ist sicherlich keine Lösung«, sage ich zu ihr, »aber ich möchte Ihnen klarmachen, wie wichtig es ist, dass Sie jetzt ehrlich zu sich selbst sind: Denn Sie hatten auch keine Lust mehr auf diese Ehe.« Und zu ihm: »Sie haben sich nicht getraut, Ihre Frau mit Ihren Bedürfnissen, Sehnsüchten und Wünschen zu konfrontieren. Da sind Sie lieber vorher abgehauen.«

Derjenige, der sein Glück in einer Außenbeziehung sucht, hat oft das Gefühl, dass seine Wünsche vom Partner nicht gesehen werden. Unzufriedenheit, das Bedürfnis nach Anerkennung und ungestillte Sehnsüchte stauen sich auf.

Statt den anderen damit zu konfrontieren und für Bewegung zu sorgen, wird irgendwann alles auf einen Dritten projiziert, was mit dem eigenen Partner nicht (mehr) möglich ist. All die Dinge, die im Ehealltag verschütt gegangen sind: die Leichtigkeit, die Verrücktheiten, die Zärtlichkeit, die Zugewandtheit, das Bedürfnis, den anderen zu erleben und zu genießen.

»Es braucht jetzt von Ihnen beiden den Mut, auf die Dreiecksgeschichte mit neuen Augen zu schauen. Für Sie ist es wichtig, sich Ihrem Alltag zu stellen und sich nicht weiterhin in der Idealisierung einer anderen Frau zu verrennen«, rate ich ihm. »Stattdessen sollten Sie sich fragen: Was ist mit der Person möglich, was in meiner eigenen Ehe nie möglich war? Was habe ich mich mit meinem Partner nicht getraut, was ich mich jetzt traue? Was gelingt mir da draußen, was mir in meiner eigenen Beziehung nicht gelingt? Was macht mein Leben in der Außenbeziehung so leidenschaftlich, so lebendig?«

Und zu ihr sage ich: »Sehen Sie es doch mal so: Durch das Auftauchen der anderen ist Ihr ganzes Elend ans Tageslicht gekommen. Das ist eine Chance, die Dinge endlich anzugehen, die Sie vorher ausgeblendet haben. Jetzt sind Sie aufgefordert, das zu tun, worum es schon seit vielen Jahren geht: für sich selbst einzustehen und dafür zu sorgen, dass es Ihnen wieder gut geht. Sie brauchen dringend eine neue Sicht auf die Dinge. Können Sie sich eingestehen, dass Sie mit Ihrem innerlich tief frustrierten Aushalten den gleichen Anteil an der Misere haben wie Ihr Mann mit seinem Weglaufen?«

Sie wird wütend: »Dass es MIR gut geht! Darum hat sich die Geliebte meines Mannes ihr ganzes Leben lang gekümmert. Die macht einfach, was sie will. Sie ist jünger. Hat ihre Kinder schon früh den ganzen Tag in der Betreuung gehabt. Die hatte nur ihre Karriere und ihr Aussehen im Kopf.«

»Vielleicht hat die Geliebte Ihres Mannes ja genau das gemacht, wonach Sie sich all die Jahre gesehnt haben, was Sie sich aber nicht getraut haben einzufordern?«

Die Frau hält inne. Knapp kann sie sich eine befreiende Einsicht entringen: »Vielleicht. Vielleicht hätte ich mir auch mal was nehmen sollen.« Aber dann siegt doch die lang gewohnte Opferhaltung in ihr: »Jetzt ist es eh zu spät.«

Vergessen Sie die Schuldfrage

Wenn eine dritte Person Ihre Zweierbeziehung durcheinanderbringt, gibt es einige Hausaufgaben zu machen und neue Einsichten zu gewinnen: Das Fremdgehen ist für beide ein Warnschuss. Manchmal ein schmerzhafter. Aber wenn man ihn als Herausforderung zum Erforschen und Aufräumen der eigenen Beziehung nimmt, bietet er eine große Chance hinzugucken, was in der Partnerschaft – vielleicht schon seit langer Zeit – gefehlt hat.

In einer Dreiecksbeziehung gibt es niemals nur einen einzigen »Schuldigen«. Es ist auch nicht so, dass das »Opfer« immer im Recht ist. Beide haben zu diesem Zustand beigetragen.

Der »Betrogene« sollte sich klarmachen, dass die neue Verbindung weder mit Druck noch mit Schuldzuweisungen zu lösen ist. Das Problem lässt sich nicht aus der Welt schaffen, indem man versucht, den Partner dazu zu zwingen, sich von dem oder der Geliebten zu trennen.

Als wir über diese Zusammenhänge reden, ringt die Frau sichtlich mit sich. So schwer es ihr auch fällt, ich bitte sie trotzdem noch einmal, mit mir genau auf die Geliebte ihres Mannes zu schauen, denn diese ist der Indikator für das, was sie über die Jahre in der Partnerschaft mit ihrem Mann nicht gelebt hat.

»Fragen Sie sich bitte einmal: Wer ist diese Frau? Was hat sie mit mir gemein? Was verurteile ich besonders? Denn das sind meistens Dinge, die Sie sich selbst nicht erlauben ins Leben zu bringen. Dinge, die Sie vielleicht verurteilen, die Sie aber brauchen, um Ihr eigenes Lebensglück wiederzufinden: einen gesunden Egoismus, Durchsetzungskraft, aber auch eine gewisse Sorglosigkeit, Sinnlichkeit und Leidenschaft.«

»Na ja, wenn ich das täte, dann müsste ich meinem Mann sagen: ›Verdammt noch mal! So wie du warst, wollte ich dich auch schon lange nicht mehr!‹, und ihm dann die Koffer vor die Tür stellen.« Er schaut sichtlich irritiert.

»Ihre Frau hat ja nicht unrecht. Es braucht jetzt klare Grenzen und von Ihnen eine Entscheidung, die heißt: Gehen oder bleiben? Das Hin-und-her-Tingeln zwischen zwei Frauen ist ein Leben in der Komfortzone und löst Ihre Probleme nicht. Wie wäre es, wenn Sie sich jetzt mal ganz auf sich konzentrieren, sich selbst aushalten, ohne Ablenkung, und sich die Zeit nehmen zu überlegen, was Ihnen eigentlich fehlt? Das, was Sie suchen, finden Sie bei keiner Frau, sondern nur in sich selbst.«

Unser Beziehungsleben wird vielleicht kurzfristig lebendiger und leidenschaftlicher durch einen neuen Partner. Wenn wir auf Dauer Erfüllung suchen, hilft jedoch keine neue Frau, kein neuer Mann. Meist geht es darum, dass wir lernen, in der Begegnung mit anderen mehr zu uns selbst zu stehen, uns mit unseren Emotionen auseinanderzusetzen und immer wieder neu unsere Bedürfnisse auch wirklich auszudrücken. Ein Paar muss lernen, Krisen zu nutzen, sich den Problemen zu stellen und Veränderung zu wagen. Das kann eine Zeit lang ziemlich unbequem werden.

Manchmal muss man da auch die eigenen Koffer packen oder eben dem anderen die Koffer vor die Tür stellen, bis die Situation geklärt ist. Für die beiden hier wäre das im Moment sicher ein erster, richtiger und konsequenter Schritt hin zu einer Klärung. Nicht unbedingt das Ende. Vielleicht aber der Anfang einer neuen, bewussteren, für beide erfüllenden Beziehung.

Worum es wirklich geht

Wenn Frauen oder Männer, deren Partner(in) fremdgegangen ist, zu mir ins Coaching kommen, dann erwarten sie oft vor allem, dass ich sie in ihrem Leid und unterschwellig auch in der Schuld ihres Partners bestätige. Genau das würde ihnen allerdings überhaupt nicht weiterhelfen.

Fremdgehen bedeutet – in den meisten Fällen jedenfalls – eben nicht, dass der Partner ein mieser Kerl ist und die Geliebte eine billige Schlampe. Oder dass die Frau ihre Familie im Stich lässt und sich mit diesem unsympathischen Loser vergnügt. Fremdgehen kann vielmehr ein offenkundiger Hinweis sein, dass in der Beziehung schon länger etwas Grundlegendes aus der Bahn geraten ist.

Wenn einer ausbricht und außerhalb der Beziehung nach Lebendigkeit, Nähe, Leidenschaft oder Verbundenheit sucht, dann fehlt das, was er oder sie draußen sucht, einfach innerhalb der Beziehung. Manchmal, weil sich zu viele Verletzungen aufgetürmt haben. Ein anderes Mal, weil beide sich nie über eine bestimmte Schwelle emotionaler und körperlicher Intimität hinausgewagt haben. Und dann wieder, weil es Bindungs- oder auch Verlustängste gibt, die jede Lebendigkeit und echte Verbundenheit im Keim ersticken.

In den meisten Beziehungen bröckelt es nach einigen Jahren an irgendeiner Stelle. Während man früher funktionierte und so etwas aushielt, ereilt die Dreiecksbeziehung heute viele Partnerschaften irgendwann – als eine Art Ventil. Und da wäre es einfältig, sich auf das Klären der Schuldfrage zu beschränken. Zwischen 30 und 50 Prozent der Frauen und Männer werden im Lauf ihrer Ehe untreu, sagen die Statistiken. Das Vorurteil, dass hauptsächlich die Männer fremdgingen, lässt sich mittlerweile schnell widerlegen: Die Frauen haben aufgeholt, fast ebenso viele sind ihren Männern untreu wie umgekehrt.

Frauen erleben einfach oft nur andere Defizite als die Männer, die sie gern mit einem anderen Partner ausgleichen möchten. Sexuelle Unzufriedenheit ist auch für viele

Frauen einer der Gründe, aber oft geht es bei ihnen um die Suche nach einer Sexualität, die mit einem Gefühl von seelischer oder emotionaler Verbundenheit einhergeht. Frauen orientieren sich nach draußen, wenn sich drinnen in der Beziehung zu viel Sprachlosigkeit und Entfremdung breitmachen. Bei Männern geht es oft darum, Anerkennung zu bekommen und sich endlich sexuell wieder gehen lassen zu können.

»Das würde er mir nie verzeihen!«

Ein Paar war seit über zehn Jahren verheiratet, drei Kinder, beide waren beruflich erfolgreich. Nach außen wirkte die Beziehung für Freunde und Familie perfekt. »Für viele waren wir das absolute Traumpaar, aber das war in den letzten Jahren nur noch Fassade«, erzählt mir die Frau bei unserem ersten Treffen.

»Er sieht mich gar nicht mehr als Frau. Und als Paar finden wir schon lange nicht mehr statt.« Vor ein paar Monaten traf sie zufällig einen alten Studienkollegen auf dem Flughafen, mit dem sie damals schon einmal »wild geflirtet« hatte. »Irgendwie spürte ich sofort: Da war etwas zwischen uns – immer noch.« Dabei wollte sie zunächst gar keine Affäre. »Aber es war unendlich wohltuend, mal wieder von einem Mann gesehen zu werden«, sagt sie. Er bemühte sich um sie. Sie gingen ab und zu zusammen aus, zum Essen, ins Kino oder ins Konzert. Zu Hause erzählte sie, sie treffe sich mit einer Freundin. »Wir haben einfach eine Wellenlänge, lieben die gleichen Filme, hören dieselbe Musik. Inzwischen bin ich hoffnungslos verliebt und weiß nicht mehr ein noch aus.« Denn ihren Mann zu verlassen, die Familie zu zerstören, das sei für sie undenkbar.

»Sie sollten mit Ihrem Mann sprechen«, sage ich zu ihr.

Vehement schüttelt sie den Kopf. »Das ist vollkommen undenkbar, dann ist alles vorbei. Das würde er mir nie verzeihen.«

»Nein«, sage ich. »Wenn Sie weiter schweigen, dann stirbt immer mehr zwischen Ihnen. Wenn Sie reden, platzt die Bombe. Das tut weh, und Sie werden beide schlagartig aus der Komfortzone katapultiert. Doch dann kann sich endlich alles neu sortieren. Dann kommt wieder Tiefe in Ihre Begegnungen – wenn auch erst mal ziemlich schmerzlich und extrem unangenehm. Aber wenn Sie weiterhin nichts sagen, dann spaltet sich Ihr Leben immer mehr. Da ist etwas, was ihnen guttut, und das müssen Sie verschweigen. Und woanders versuchen Sie, weiter zu funktionieren, obwohl es Ihnen nicht mehr guttut. Das ist verrückt und hilft niemandem.«

Es braucht noch ein weiteres Treffen, bis die Frau die

Kraft dazu hat, ihrem Mann reinen Wein einzuschenken. In unseren Gesprächen hat sie erkannt, dass es die prickelnde Verliebtheit, die sie mit dem neuen Mann spürt, in ihrer Ehe wahrscheinlich nicht mehr geben wird. Aber dass es ihr auf Dauer auch gar nicht so sehr um dieses berauschende Gefühl geht, sondern darum, jemanden überhaupt erreichen zu können und wirklich als Frau wahrgenommen zu werden. Sie traut sich aus ihrem Versteck heraus und findet den Mut, sich der Auseinandersetzung mit ihrem Mann in einer Weise zu stellen, wie sie es bisher nie gewagt hat. Im Verlauf des Gesprächs will er einige Male gehen, und er droht, sie rauszuwerfen. Doch schließlich lässt er sich auf die Diskussion ein. Die beiden gehen aufeinander ein, hören sich gegenseitig zu und kommen einander näher. Sie schaffen es, die Affäre als Chance für eine gemeinsame Zukunft zu nutzen.

Wenn Sie diesen Weg wagen wollen, dann brauchen Sie Zeit miteinander, um sich gemeinsam anzusehen, was die Außenbeziehung für die eigene Entwicklung bedeutet. Dann kann eine durchlebte und verstandene Dreiecksbeziehung zu einer neuen, ungeahnten Nähe in Ihrer Partnerschaft führen. Und die Liebe kann sich wieder – oft tiefer als vorher – einstellen.

MEIN TIPP

Wenn Sie gerade in einer Dreiecksgeschichte feststecken, ist der Zeitpunkt gekommen, die alte Beziehung komplett zur Disposition zu stellen, denn sie war für BEIDE unbefriedigend.

Wenn Sie es sind, der fremdgegangen ist, dann müssen Sie jetzt genau das Gegenteil tun: auf den anderen zugehen und ihn mit all dem konfrontieren, was Sie sich die letzten Jahre nicht getraut haben auszusprechen. Oder Sie ziehen konsequent einen Schlussstrich und gehen.

Für Sie als der oder die »Betrogene« heißt es jetzt, vom Klammern und den Schuldzuweisungen loszulassen und sich einzugestehen, dass Sie kein Opfer sind, sondern selbst nicht zufrieden waren. Für Sie gilt es, deutlich Grenzen zu setzen und sich voll und ganz auf Ihren eigenen Weg zu konzentrieren. Dabei müssen Sie eine alte Tür zuschlagen. Und vergessen Sie nicht, Ihre eigene neue Tür zu öffnen.

Eltern werden, ein Paar bleiben

Sie: »Du machst sowieso nur dein Ding!«
Er: »Du hast keine Ahnung,
was bei mir im Job eigentlich los ist!«

Das Paar kommt nicht zu zweit, sondern zu dritt. Mit der elf Monate alten Tochter stehen sie vor der Tür. Kaum haben sie Platz genommen, wird die Kleine erst einmal gestillt.

»Es ist jetzt ihre Zeit«, sagt die Mutter. Sie ist ganz beseelt von dem kleinen Wesen, das da in ihren Armen liegt. Und auch er betrachtet sein Kind verliebt.

Heute soll es ja um das Paar gehen. Ich frage mich nur: Wo ist hier Platz für das Paar? Ihre ganze Aufmerksamkeit ist bei der Tochter. Sie lässt die Kleine nicht aus den Augen. Im stockend beginnenden Gespräch kommentiert sie jeden Gigser der Kleinen. Bei jedem noch so zaghaften Quaken springt sie sofort auf, nimmt die Kleine hoch und meint, sie beruhigen zu müssen.

Bald ist klar: Ein Gespräch zwischen uns Erwachsenen

ist schlicht und ergreifend überhaupt nicht möglich. Der Mann beginnt langsam nervös zu werden. Er wippt ständig mit dem Fuß, rückt unruhig im Sessel hin und her. Ihm ist das Ganze sichtlich unangenehm. »Lass sie doch mal. Sie hat doch gar nichts«, versucht er seine Frau von ihr zu lösen. Sie schaut ihn nur abwehrend an und macht unbeirrt weiter.

Irgendwann platzt ihm der Kragen, und es bricht aus ihm heraus: »Sie sehen es selbst«, schimpft er, »seit unsere Tochter auf der Welt ist, ist meine Frau vollkommen absorbiert. Sie interessiert sich für nichts mehr, was sonst noch um sie herum passiert, und für mich am allerwenigsten. Wenn ich abends nach Hause komme, schläft sie meistens schon, die ganze Wohnung versinkt im Chaos. Und ich frage mich ernsthaft: Was hat sie eigentlich den ganzen Tag gemacht?«

Bei diesen Worten merkt sie plötzlich auf. »Aber du bist doch sowieso nicht mehr da«, wirft sie ihm vor, »du ziehst dir morgens in aller Seelenruhe deinen Anzug an, trinkst deinen Kaffee und verlässt in deiner Ritterrüstung das Haus. Deine Karriere ist das Einzige, was zählt, alles andere siehst du gar nicht mehr – wie ich lebe, wie mein Tag aussieht, dass ich mir die Nächte um die Ohren schlage, aus lauter Rücksicht auf dich und deinen Job, dass ich den ganzen Tag nur noch fremdbestimmt bin, während du deiner Sekretärin deine Termine diktierst. Das alles ist dir doch vollkommen egal. Und dann entblödest du dich nicht, zu fragen, ob ich manchmal noch in den Spiegel schaue, und knallst mir vor den Kopf: ›Die Schonfrist ist langsam vorbei.‹«

Wenn jeder meint, zu kurz zu kommen

Einen Monat später. Der zweite Termin. Der Mann gibt sich, als ob wir uns vorher noch nie gesehen hätten. Diesmal wirkt er sehr abgelenkt, obwohl das Baby nicht dabei ist. Unruhig sitzt er vor mir in kompletter Arbeitsuniform: grauer Anzug, weißes Hemd, gestreifte Krawatte. Als er das erste Mal bei mir war, hatte er für unseren Termin einen Urlaubstag genommen und kam in Jeans und Turnschuhen. Im Gespräch wirkte er damals engagiert und sehr ungezwungen. Jetzt sind seine Antworten knapp, er ist reserviert und unnahbar.

Ich sehe ihn an und sage: »Ein wenig ahne ich, was Ihre Frau letztes Mal mit dem berufstätigen Mann in der Ritterrüstung meinte.«

»Wieso?«, fragt er kurz.

»Sie sind nicht nur anders angezogen. Sie wirken auch anders als beim letzten Mal.«

»Aber das spielt doch jetzt gar keine Rolle«, wehrt er ab.

»Was spielt denn bei dir überhaupt noch eine Rolle?«, wettert sie. »Du nimmst doch gar nichts mehr wahr außer dich selbst. Mein Mann ist wirklich ein anderer – wenn er sich morgens den Anzug überstreift, ist er wie imprägniert. Siehst du, auch den Herrn Zurhorst willst du nicht an dich ranlassen. Warum machen wir das Ganze hier überhaupt?«

»Von mir aus können wir das Gespräch auch sofort abbrechen. Du wolltest diesen Termin doch unbedingt.«

»Herr Zurhorst, jetzt können Sie mal live erleben, wie es bei uns zu Hause zugeht. Nicht unser Baby ist schuld. Immer wenn es eng wird oder ich etwas von ihm will, dann entzieht er sich.«

»Moment mal. Du weißt doch überhaupt nicht, was bei mir eigentlich los ist. Unter welchem Druck ich den ganzen Tag stehe. Im Büro verlangt mein Chef permanent vollen Einsatz, und zu Hause forderst du auch ständig, ich solle dies oder jenes tun. Du interessierst dich doch auch schon lange nicht mehr für mich. Wann hast du mich eigentlich das letzte Mal gefragt, wie es bei mir im Job läuft? Und jetzt hat meine Frau mir auch noch eröffnet, dass sie statt einem Jahr drei Jahre Elternzeit nehmen will. Hast du dich eigentlich schon mal gefragt, wie das alles gehen soll?«

»Welche Rolle haben Sie denn Ihrer Meinung nach zu Hause?«, frage ich ihn.

»Ich? Ich bin doch sowieso nur noch der Versorger. Zu Hause mache ich anscheinend alles falsch, zumindest was den Umgang mit unserer Tochter betrifft. Meine Frau weiß alles besser. Ständig nörgelt sie an mir herum. Egal was ich mache, es ist nie gut genug.«

Beide scheinen in ihrer Ehe um den letzten Brotkrumen zu streiten und leben ständig in dem Gefühl, zu kurz zu kommen. Jeder kontrolliert den anderen: Wer mehr tut. Wer sich mehr einbringt. Wer was leistet. Und wie hoch die jeweilige Leistung zu bewerten ist.

»Haben Sie sich selbst einmal eingestanden, wie überfordert Sie mit Ihren neuen Rollen als Mutter und Vater und mit Ihrer Ehe gerade sind? Und sind Sie damit so schon einmal auf Ihren Partner zugegangen und haben sich ihm anvertraut?«, frage ich beide.

»Ich fühle mich als Mann, als Partner und als Vater als totaler Versager. Nie kann ich es ihr recht machen.«

»Und ich? Ich habe das Gefühl, überhaupt nicht mehr von dir gesehen zu werden. Wie ich mich manchmal fühle? Vollkommen ausgezehrt und unattraktiv. Und dann denke ich: Ja, für wen soll ich mich eigentlich schön machen? Du bist ja sowieso nie da.«

Das Kind war ein absolutes Wunschkind für beide. Als sie schwanger war, träumten sie vom Glück zu dritt als Familie. Als die Tochter dann auf der Welt war, landeten sie sehr unsanft im wirklichen Leben. Als Vater und Mutter waren sie sich vorher ja noch nie begegnet. Keiner ahnte, wie es ist, wenn noch ein dritter unbedingte Liebe fordert. Und wenn der Job auch alle Aufmerksamkeit auf sich zieht. Auf einmal scheint jeder von beiden zu wenig zu sein.

Nach der Geburt ist alles anders

Die Phase nach der Geburt des ersten Kindes ist eine der größten Belastungsproben für ein Paar, körperlich und seelisch. Je eher beide sich das eingestehen, desto besser. Ein echtes Problem sind die verklärten Bilder, die die meisten mitbringen: Mit dem Kind kommt das Glück. Gute Eltern können unendlich geben.

Je eher beide sich eingestehen, dass sie überfordert und erledigt sind, Je eher sie sich erlauben, unperfekt zu sein, und vor allem: Je eher beide lernen, sich rechtzeitig als Paar und als Einzelpersonen zwischen Kind und Job gelegentlich Freiräume zu schaffen, und sei es nur für kurze Momente, desto besser kommen sie durch diese große Beziehungsprüfung hindurch.

Ich sehe beide an und bitte sie, das Gleiche zu tun: »Es ist viel im Moment. Für jeden von Ihnen. Vielleicht schauen Sie sich einmal an mit der Einsicht, dass der andere auch überfordert ist.« Wir sind alle drei einen Moment still.

»Jeder von Ihnen beiden hat gerade ziemlich hohe Ansprüche an sich. Jeder hat das Bedürfnis, etwas sehr gut machen zu wollen.«

Die Frau bricht als Erste das Schweigen: »Ich möchte bei unserer Tochter nicht die gleichen Fehler machen wie meine Mutter. Sie war alleinerziehend und immer im Stress.«

Er schaut sie deutlich entspannt an: »Einer muss das Geld verdienen. Ich fühle mich verantwortlich für uns.«

Wenn Sie als Paar in einer stressigen Phase zusammen vorangehen wollen, ist es extrem hilfreich, wenn Sie sich immer wieder über Ihre Beweggründe austauschen. Wenn Sie sich ein Herz fassen und sich einander anvertrauen in Ihrer gemeinsamen Überforderung und über Ihre Belastung reden.

»Ich wage nie, es in Gegenwart meiner Frau zu sagen – aber manchmal nerven Babys. Da wäre ich einfach nur gerne mit ihr allein so wie früher.« Er wirkt sanft.

»Mich nervt die Kleine auch manchmal. Da wäre ich

froh, wenn du da wärst und sie mir abnehmen würdest.«
Sie lachen zusammen.

Beide lernen in unseren Gesprächen, wie erleichternd und hilfreich es ist, wenn der Alltag einfach nur alltäglich und beide einfach nur menschlich und durchschnittlich sein dürfen. Wenn sie sich eingestehen, dass ein Baby ein großes Geschenk ist. Dass so ein kleines, forderndes Wesen manchmal aber auch Nerven zehrend und anstrengend sein kann. Dass sie beide auch mal keine Lust auf das Kind haben dürfen.

 MEIN TIPP FÜR IHN

Lernen Sie zu formulieren, was Sie brauchen und was Ihnen zu viel ist. Dazu gehört auch, dass Sie sich trauen, Ihrer Frau zu sagen: »Was du da von mir willst, kann ich gerade nicht leisten, das überfordert mich total.« Statt abzutauchen, sind Sie aufgefordert, sich von Ihrem eigenen Anspruch zu lösen, dass Sie immer liefern und versorgen müssen.

 MEIN TIPP FÜR SIE

Für Sie ist es wichtig, sich nicht ausschließlich auf Ihr Muttersein zu konzentrieren. Sie sind jetzt Mutter, aber Sie sind auch Frau – und die hat eigene, oft ganz andere Bedürfnisse als die Mutter und ein Recht, sich diese auch zu erfüllen. Das hat nichts mit Egoismus zu tun oder dass Sie Ihr Kind dann weniger lieben. Ganz im Gegenteil.

Machen Sie sich eines klar: Ihre Kinder lernen von Ihnen vor allem, wie Sie mit sich selbst umgehen. Deshalb gilt auch die Gleichung: glückliche Mutter – gute Mutter. Wenn Sie gut für sich sorgen, dann können Sie etwas geben und Ihrem Kind gesunde Grenzen setzen – die es zum sicheren Heranwachsen dringend braucht.

MEIN TIPP FÜR BEIDE

Fassen Sie sich ein Herz und sprechen Sie offen über Ihre Überforderung und Ihre Belastung – genauso wie über Ihr Bild vom Mutter- oder Vatersein. Junge Eltern können nicht früh genug lernen, sich immer wieder aus dem Elterndasein herauszunehmen, sich wieder als Mann und Frau zu fühlen und sich auch so zu begegnen.

Eheliche Pflichten?

Sie: »Unsere Beziehung ist am Ende.«
Er: »Wieso? Wir haben doch regelmäßig Sex.«

Wir sitzen eine ganze Weile da und wissen beide, dass wir um den heißen Brei herumreden. Mir ist zwar noch nicht klar, was der heiße Brei sein könnte, aber es ist ganz offensichtlich, dass die Themen, über die wir hier gerade sprechen, nicht der Auslöser für die Anspannung sein können, die die Frau mir gegenüber ausstrahlt. Durch den Raum wabert überhaupt eine seltsame Mischung: Da ist Not, die fast mit Händen zu greifen ist. Sie passt so gar nicht zu der wortgewandten, selbstbewussten Gastronomin.

Nachdem ich einiges aus ihrer Ehe gehört habe, versuche ich mich vorsichtig zum Kern der Sache vorzuarbeiten.

»Sagen Sie, dürfen wir beide mal über Sexualität reden?«, frage ich sie. Einen Moment herrscht Stille, dann nickt sie.

»Was wollen Sie wissen?« Sie schaut mich geradeheraus an.

»Wie es Ihnen in der Sexualität mit Ihrem Mann geht«, sage ich.

»Schlecht!«, antwortet sie da.

Und dann erzählt sie von immer neuen aufreizenden Dessous, die er ihr mitbringt, von Rollenspielen, die er sich wünscht, und davon, dass sie immer zur Verfügung stehen soll.

»Verstehen Sie mich bitte nicht falsch, ich möchte nichts Schlechtes über meinen Mann sagen«, erzählt sie, »aber ich fühle einfach schon lange nichts mehr, und zwar nicht nur beim Sex.«

Im Verlauf unserer Gespräche traut sie sich zu Hause endlich, ihrem Mann zu sagen, dass sie ihm seit Jahren einen Orgasmus vorspielt und dass sie so nicht mehr weitermachen will.

Ein und dieselbe Sache – zwei komplett unterschiedliche Sichtweisen

Bei einem der nächsten Treffen ist auch ihr Mann dabei. »Ganz ehrlich, Herr Zurhorst. Ich weiß gar nicht, was ich Ihnen heute überhaupt noch sagen soll.« Dabei legt er sanft seine Hand auf ihren Arm. »Vor ein paar Wochen, da war ja alles noch anders. Da ging es dir ja nicht so gut.«

»Bitte was?«, entfährt es ihr.

»Na ja, du hattest dich körperlich von mir zurückgezogen, aber darüber haben wir doch geredet«, sagt er zu ihr. Und an mich gewandt: »Aber seit kurzem läuft alles anders. Wir haben jetzt eine solche Nähe, ich habe so eine Art der Zuwendung im Bett von meiner Frau erfahren, wie ich sie nie für möglich gehalten hätte. Ich denke, wir haben jetzt den Weg für uns gefunden.«

Seine Frau guckt sichtlich genervt. »Du hast leider wieder nicht gemerkt, wie es mir wirklich geht.«

»Aber du warst doch ganz verrückt da drauf?«

»Schön wär's gewesen«, sagt sie da, »aber nur um diesen komischen Spielchen endlich ein Ende zu bereiten, die du vorher immer von mir verlangt hast. Ich habe gehofft, dass das jetzt helfen würde, und habe deshalb mitgemacht.«

»Tut mir leid«, er ist vollkommen irritiert, »aber ich verstehe jetzt gar nichts mehr.«

»Ich auch nicht«, sage ich.

Sie beginnt zu erzählen, er habe ihr vorgeschlagen, doch einfach mal wild und hemmungslos zu sein und dass alle Aktivität von ihr ausgehen solle. »Du bestimmst einfach und gibst mal richtig Vollgas«, habe er gesagt.

»War es das, wonach Sie sich sehnen?«, frage ich sie.

Wortlos schüttelt sie den Kopf. Die Tränen laufen ihr

die Wangen hinunter. »Ich fand es einfach nur furchtbar. Danach ging es mir schlechter denn je.«

Sie hatte sich nach nichts mehr gesehnt, als sich endlich wieder zu fühlen, aber sie wusste nicht wie, und so hatte sie auch hier wieder einfach mitgemacht. Sie folgte seinem Vorschlag, ohne mit sich selbst verbunden zu bleiben. Das alles in der Hoffnung, dass sich zwischen ihnen endlich etwas ändern würde. Vergeblich.

»Gibt es denn etwas, das Sie sich sehnlich wünschen?«, frage ich sie.

Sie schüttelt den Kopf: »Ich habe schon lange den Kontakt zu meinem Körper verloren.«

Am Ende dieses Tages wissen beide, dass sie von der Art Sexualität, die sie bislang miteinander geteilt haben, loslassen müssen. Es braucht jetzt erst mal einen klaren Schnitt. Und dann steht bei jedem für sich einiges zu klären und zu entdecken an.

Sie entscheidet sich daraufhin, einige Gespräche mit meiner Frau zu führen. Und der Mann und ich versuchen herauszufinden, worum es ihm eigentlich hinter all seinen Fantasien und Praktiken geht.

Beide haben eine vollkommen unterschiedliche Wahrnehmung des Geschehens, die zeigt, wie weit sie sich innerlich schon voneinander entfernt haben. Er ist vollkommen unsicher, wie er sich seiner Frau nähern soll, hat keine Ahnung von ihren wahren Bedürfnissen. Was sie braucht, was sie wirklich berührt – das alles ist ihm ein Rätsel. Ihm wird bewusst, dass er all die Jahre genau diese Unsicherheit mit seinen Spielchen und Fantasien kaschiert hat. Er erkennt, dass seine Fantasien reine Kopfgeburten sind und wenig mit echter Nähe zwischen ihm und seiner Frau zu tun haben.

Seine Frau lernt, eigene Grenzen wahrzunehmen und sie auch zu zeigen. In ihrem neuen, sicher abgesteckten Raum und indem sie sich innerlich erlaubt, nein zu sagen, beginnt sie, sich endlich wieder zu spüren. Allerdings bedeutet diese Öffnung, dass nun auch all die anderen Gefühle an die Oberfläche ploppen, die sie lange weggedrückt hat: Abscheu, Wut, Schmerz, Scham.

Unterwegs ist es für beide oft eine Achterbahnfahrt, all ihre Emotionen zu fühlen, sie auszuhalten und die eigene Wahrheit nicht mehr zu erdenken oder in Fantasien zu verstecken, sondern zu erleben und langsam und behutsam miteinander zu teilen.

Wenn sich zwei auf diese Art und Weise für eine neue sexuelle Begegnung öffnen, ist das eine der schwierigsten Reisen überhaupt, auf die man sich in einer Partnerschaft begeben kann – mit unsicherem Ausgang. Um, vielleicht zum ersten Mal, das Wagnis einzugehen, von dem anderen nicht nur körperlich, sondern auch seelisch nackt gesehen zu werden, braucht es Vertrauen. Doch nur dann kann sich zwischen beiden eines einstellen: innerlich erfüllender Sex.

 MEIN TIPP

Wenn Sie sich auf sexueller Ebene wieder aufeinander einlassen wollen, benötigen Sie den Mut, sich jenseits von Begierde und ohne Fantasiewelten körperlich zu begegnen. Erst mal Tempo raus und wirklich mitkriegen, was sich wie anfühlt. Nehmen Sie sich Zeit und bleiben Sie geduldig. Streifen Sie die Erwartungshaltung ab, die Sie bisher in körperliche Begegnungen mitgebracht haben. Guter Sex muss nicht zwangsläufig im Orgasmus enden. Moment für Moment genau hinzuspüren kann Ihnen ganz neue, herrliche Empfindungswelten und mehr Sattheit danach bescheren.

Legen Sie sich nebeneinander und versuchen Sie, sich erst mal selbst ganz bewusst im eigenen Körper zu spüren und dann erst in Kontakt mit dem Partner zu gehen. Erst wenn Sie bei sich sind, können Sie dem anderen wirklich etwas geben.

Krise und Kinder

Sie: »Wir müssen es den Kindern sagen!«
Er: »Lass die Kinder da raus!«

Die zehnjährige Tochter einer Frau, die zu mir ins Coaching kommt, hatte plötzlich wieder angefangen, ins Bett zu machen. Das passierte in einer Zeit, als die Ehe der Eltern in einer tiefen Krise steckte und der Vater sich anderweitig orientierte. Die Frau war verzweifelt, zerrte und klammerte. Je mehr sie das tat, desto mehr zog sich der Mann aus der Familie zurück.

Mit der Kleinen redete während der ganzen Zeit keiner von beiden über den Streit. Beide waren bemüht, alles von ihr fernzuhalten. Das Mädchen wurde von beiden umsorgt und verwöhnt, nur damit es von der elterlichen Krise nichts mitbekam. Die Fronten verhärteten sich, die Verletzungen wuchsen, aber beide achteten weiter darauf, unter allen Umständen nach außen hin das Bild einer heilen Familie aufrechtzuerhalten.

Schöne heile Welt ...

Das krampfhafte Bemühen, die Kinder von einer Ehekrise nichts merken zu lassen, schadet ihnen mehr, als dass es ihnen nützt. Eine Fassade aus Harmonie führt in Wahrheit zu wachsender Distanz und zu Verwirrung im inneren System des Kindes. Vor allem kleine Kinder spüren sehr wohl, was unausgesprochen in einer Familie los ist, auch wenn sie es vielleicht noch nicht ausdrücken können.

Ich selbst kann mich noch gut an den überraschend erlösenden Moment erinnern, als meine perfekte Fassade als Vater Risse bekam. »Papa, ich habe dich noch nie weinen sehen«, sagte meine Tochter vor vielen Jahren einmal unvermittelt in einer emotional sehr geladenen Phase meines Lebens zu mir, in der es mir nicht gut ging. In dem Moment überkam es mich, und ich weinte einen Sturzbach. In diesen Tränen entlud sich alles, was ich über die Jahre, seit meine Tochter auf der Welt war, versucht hatte mit mir auszumachen. Alles, was ich in mich hineingefressen hatte, um meine Tochter bloß nichts merken zu lassen: die Zeiten, als ich in meiner Ehe unglücklich war, als ich Angst vor beruflichen Herausforderungen hatte, meine Traurigkeit, meine Unsicherheit, die Spannungen zwischen uns Eltern – all das brach jetzt aus mir heraus.

Ich hatte immer versucht, eine möglichst – übertrieben – schöne Zeit mit ihr zu verbringen, gleichbleibend fröhlich zu sein, damit sie nur ja nicht ahnte, wie es in mir aussah. Dementsprechend trafen mich ihre Worte tief. »Eigentlich warst du noch nie wahrhaftig mit mir«, schien sie mir damit sagen zu wollen. Wir haben damals beide zusammen geweint. In dem Moment fühlte ich mich ihr so nahe wie selten zuvor.

In meiner Arbeit berührt es mich immer wieder sehr zu erleben, wie Männer in ihr Gefühl kommen, wenn es um ihre Kinder geht. Der Gedanke, dass Mann sich seinem Kind wahrhaftig zeigen darf, und zwar genau in diesen schwachen Momenten, ist für viele immer noch schwer vorstellbar. Umso erstaunter sind Paare dann oft, wenn sie dem Alter der Kinder angemessen auf diese zugehen und sich ihnen so zeigen, dass die Kinder es emotional nachvollziehen können. Ihnen wahrhaftig und möglichst ohne Wertung und Urteil erzählen, dass sie gerade nicht wissen, wie sie etwas besser machen sollen ... wie sie friedlich miteinander umgehen sollen ... wie sie mehr für sie da sein können und weniger streiten ...

Wenn es emotionaler wird oder innerlich Unsicherheit herrscht, verstecken sich gerade Männer oft hinter einer Maske. Denn sich verletzlich zu zeigen hat viel mit Kontrollverlust zu tun. So wird selbst der größte Schmerz hinuntergeschluckt oder wegrationalisiert. Diese Männer haben deshalb Angst davor, dass ihre Kinder etwas von der Beziehungskrise mitbekommen könnten, weil sie die Krise für eine persönliche Schwäche oder gar Niederlage halten. Aus lauter Sorge, die Kinder zu belasten und zu überfordern, erstarren sie förmlich und klammern alles aus, was nicht in ihre Vorstellung von einem harmonischen Familienleben passt. Damit sorgen sie bei den Kindern allerdings nicht für Entspannung, sondern ebenfalls für Erstarrung.

Frauen hingegen sind oft viel eher bereit, den Kindern zu sagen, was wirklich los ist. Allerdings neigen sie erfahrungsgemäß auch eher dazu, Kinder zu Verbündeten zu machen. Vor allem wenn der Vater in einer Außenbeziehung steckt oder sich das Paar trennt, werden Kinder häufig mehr oder weniger subtil aufgefordert, Partei zu ergreifen und in vermeintlichen Schuldfragen Stellung zu beziehen.

Kinder sind mit dieser erzwungenen Positionierung zwischen ihren Eltern vollkommen überfordert. Sie fühlen sich Vater und Mutter verbunden und brauchen ihre Bindung zu beiden. Daher helfen Sie weder sich noch Ihren Kindern, wenn Sie sie unnötig mit Details belasten oder gar versuchen, sie in die Ehekrise mit zu verstricken, sie auf Ihre Seite zu ziehen oder Trost bei ihnen zu suchen.

Ungeweinte Tränen eines Kindes

Es braucht einige Gespräche, um der Frau die Angst zu nehmen, mit ihrer Tochter offen und ehrlich zu sein.

»Ihr Kind spürt intuitiv sowieso, dass etwas nicht stimmt«, versuche ich ihr zu erklären, »all das Unausgesprochene, die Ängste, die Traurigkeit finden in ihrem Bettnässen ein Ventil.«

Bei unserem nächsten Treffen sprudelt es dann erleichtert aus ihr heraus: »Wir haben es ihr gesagt. Natürlich war es furchtbar, aber auch befreiend zugleich. Wir haben alle geweint. Endlich hatte sie einen Grund für ihre Angst und ihre Traurigkeit.«

 MEIN TIPP FÜR ELTERN

Unser Job als Eltern ist es nicht, dem Kind alle Sorge zu nehmen und jeglichen Stolperstein aus dem Weg zu räumen, sondern ihm zu zeigen, wie wir damit umgehen. Ein Kind braucht weder eine ideale Ehe noch Eltern, die um seinetwillen notgedrungen zusammenbleiben. Ein Kind braucht die Wahrheit und Hilfe beim Verarbeiten von Konflikten.

Ich kann Sie nur ermutigen, sich Ihren Kindern auch in der Krise authentisch zu zeigen. Darin liegt keine Schwäche, sondern Stärke. So lernen sie von Ihnen, wie man mit schwierigen Gefühlen und herausfordernden Situationen umgeht. Und sie können Ihnen vertrauen, auch wenn es stürmisch wird.

 ## MEIN TIPP FÜR MÄNNER

Speziell den Männern kann ich nur sagen: Alles Unausgesprochene verunsichert Ihre Kinder, denn sie tragen eine Art instinktiven Seismografen in sich, der signalisiert »Achtung, Gefahr im Verzug«. Wenn Sie dann sagen: »Nein, alles bestens«, passt die Wahrnehmung Ihres Kindes nicht mit Ihrer Rückmeldung zusammen. Das verwirrt, und Ihr Kind verlernt, auf seine Intuition zu vertrauen.

 ## MEIN TIPP FÜR FRAUEN

Und die Frauen kann ich nur warnen, die Kinder in der Not zu Verbündeten zu machen. Was Sie als Erwachsene heute lernen müssen – sich nicht in Schuldzuweisungen und Opfer-Täter-Verwicklungen zu verlieren, sondern mit Verlust und Verlassenwerden und der damit zusammenhängenden Einsamkeit umzugehen –, das müssen Ihre Kinder später im Leben genauso erfahren, auch wenn es schmerzlich ist. Es gehört einfach zum Leben mit dazu.

Kein Paar mehr, aber immer noch Eltern

Er: »Mutterliebe? Sie benutzt die Kinder doch nur.«
Sie: »Auf ihn ist sowieso kein Verlass.«

»Stellen Sie sich mal vor: Es war der zwölfte Geburtstag von unserem Sohn. Sein großer Traum war es, mit seinem Vater und seinen Freunden im Garten zu zelten und zu grillen. Der hatte es hoch und heilig versprochen. Und wer war nicht da, wie so oft schon seit der Trennung?«, sagt die Frau vollkommen empört. »Mein Mann!«

»Dafür bin ich also jetzt mit hierhergekommen?« Der Mann ist kurz davor auszusteigen, obwohl unsere Sitzung gerade erst begonnen hat. Die beiden sind seit einem Jahr geschieden und kommunizieren nur das Allernötigste per Mail oder SMS. Das Ganze ist inzwischen so weit eskaliert, dass die Frau seit diesem Geburtstag, der schon einige Monate zurückliegt, ihrem Mann den gemeinsamen Sohn vorenthält.

»Wofür sind Sie denn dann hier?«, frage ich.

»Meine Frau benutzt unseren Sohn wie eine Waffe.«

»Was wollen Sie erreichen, wenn Ihr Sohn seinen Vater nicht sehen kann?«, frage ich die Frau.

»Das ist das Einzige, womit ich ihn überhaupt noch erreichen kann.«

»Haben Sie sich schon mal überlegt, wie es Ihrem Sohn damit geht?«

»Fragen Sie doch lieber mal meinen Sohn, wie es ihm mit seinem Vater geht – diesem Menschen, auf den man sich nie verlassen kann.«

»Na, dann frag ihn doch mal, wer seine Mutter ist: die Frau, die über seinen Vater herzieht und ihm den Papa wegnimmt«, entgegnet der Mann sichtlich ohnmächtig und verletzt.

»Merken Sie eigentlich, dass sich hier gerade alles nur um Sie beide dreht?«, frage ich. Es wird still. »Ihr Sohn ist in einer verzweifelten Lage. Durch Ihr Gerangel und Ihre gegenseitigen Anklagen hat er niemanden, den er lieben darf, und niemanden, dem er vertrauen kann.« Beide starren zu Boden.

»Können Sie vielleicht einmal zu Ihrem Mann rüberschauen?«, bitte ich sie. Sie sieht, wie ihrem Mann die Tränen herunterlaufen.

»Lass uns bitte damit aufhören«, sagt er leise.

Frieden schließen und dem Kind helfen

Eigentlich sind beide hilflos und überfordert, wie so viele Paare mit Kindern nach der Trennung. Während unseres Gespräches ist der Mann nur mit Unterstützung in der Lage, seine Gefühle auszudrücken und sich selbst seine Hilflosigkeit einzugestehen.

Seine Frau beginnt sich zu entspannen und kann offensichtlich wieder sehen, dass ihr Mann kein rücksichtsloses Monster ist, dem sein Sohn völlig egal ist. Sie begreift, dass er während der letzten Monate nicht aus Gleichgültigkeit, sondern aus Scheu vor möglicherweise unangenehmen Begegnungen, wie zum Beispiel dem Geburtstag seines Sohnes, weggelaufen ist. Gerade an diesem Tag lag ein besonderer Erwartungsdruck auf ihm, weil er unter Beobachtung der gesamten Familie stand. Ihre Eltern waren auch noch da. Also ging er dem Ganzen lieber aus dem Weg.

»Du hättest doch mal was sagen können!« Sie schaut ihn fragend an.

»Das ging doch schon während unserer Ehe nicht. Glaubst du, das geht jetzt besser?«

»Mag ja sein«, sage ich, »aber Kinder lernen von ihren Eltern, wie Beziehungen funktionieren, egal ob Mutter und Vater zusammen oder getrennt sind. Fragen Sie sich doch einfach: Was lernt unser Sohn gerade von uns? Wie Sie das hier schildern, lernt er, dass man sich gegenseitig anklagt und sich vor Auseinandersetzungen und unangenehmen Begegnungen drückt. Wollen Sie nicht lieber, dass er von Ihnen lernt, wie er mit schwierigen Beziehungen, die jeder von uns im Leben mal hat, richtig umgehen kann? Wie er auf Probleme zugeht und sich nicht in Machtkämpfen erschöpft?«

Im Laufe unseres Gesprächs verstehen die beiden, dass sie voneinander loslassen und Frieden miteinander finden müssen, sonst bleibt ihr Kind auf der Strecke. Für die Frau bedeutet das zu erkennen, dass hinter dem Schweigen ihres Mannes eine große Unsicherheit steht. Das braucht ihr Mitgefühl. Außerdem ist es wichtig für sie zu sehen, dass er als Teilzeitvater immer ein Stück weit außen vor ist und dass er darunter auch leidet.

Und der Mann sollte verstehen, dass eine alleinerziehende Mutter tendenziell immer im Spagat lebt zwischen Kindern und Job, zwischen ihren Gefühlen und ihren Zielen.

Auch wenn wir das oft nicht wahrhaben wollen, aber Eltern bleiben Eltern – auch nach der Trennung. Deshalb hat ein Paar, wenn es Kinder hat und auseinandergeht, immer noch eine Reihe von Hausaufgaben in Sachen Beziehung zu machen. Oft unter schwierigeren Bedingungen als vorher. Jetzt geht es darum, dem kalten Krieg und den Machtkämpfen nach Kräften zu widerstehen. So viel wie möglich zu kommunizieren und sich selbst die Bereitschaft abzufordern, den anderen zu akzeptieren, auch wenn er nicht so ist, wie man ihn gern hätte. Und aufeinander zuzugehen und das Gespräch zu suchen, selbst wenn es schwierig ist.

Wenn das nicht geht, dann sollte man sich einfach im Loslassen üben. Wirklich loslassen – und nicht Funkstille mit Groll. Üben Sie sich darin, die Vergangenheit hinter sich zu lassen. Sie war, wie sie war, und Sie können nichts mehr daran ändern. Aber Sie können vorangehen und allein etwas Neues aufbauen.

 MEIN TIPP FÜR SIE

Lernen Sie, hinter die Kulissen zu schauen und zu sehen, was sich hinter dem Schweigen Ihres Mannes verbirgt. Als Teilzeitvater fühlt er sich vielleicht oft wie ein ohnmächtiger Zuschauer. Wenn Sie das verstehen, können Sie anders auf ihn zugehen. Sie können dann wieder Einladungen formulieren, statt zu versuchen, ihn mit Drohungen zu mehr Aufmerksamkeit und Zuverlässigkeit zu zwingen.

MEIN TIPP FÜR IHN

Viele Frauen fühlen sich nach der Trennung mit der Erziehung der Kinder überfordert und alleingelassen. Seien Sie sich darüber klar – auch im Sinne der Kinder –, wie wichtig es ist, dass Sie Ihre Frau unterstützen und sich mit engagieren. Und dass das zu Lasten von anderen Bereichen in Ihrem Leben geht.

Wenn die Kinder aus dem Haus gehen

Sie: »Wir müssen uns ganz neu finden.«
Er: »So ein Blödsinn. Du bist einfach nicht ausgelastet.«

»Seitdem die Kinder aus dem Haus sind, kommt meine Frau dauernd mit neuen Ideen. Jetzt will sie Tango tanzen lernen. Tango, Herr Zurhorst, was soll ich da?« Der Mann schaut mich hilfesuchend an. Er sieht aus wie einer, der es sich gern mit seiner Zeitung im Sessel gemütlich macht. »Ich habe vierzig Jahre immer nur gearbeitet und für die Familie gesorgt. Ich will es mir endlich mal gut gehen lassen.«

»Mein Mann ist gerade in den Ruhestand gegangen. Aber es wirkt eher, als ob er aufgehört hat zu leben. Er schiebt nichts mehr an, er schiebt nur noch eine ruhige Kugel und interessiert sich für nichts und niemanden mehr. Es ist zum Verzweifeln.« Die Frau schaut resigniert.

»Was war denn vorher ganz konkret anders?«, frage ich.

»Früher war er eben immer mit seinem Job beschäftigt, hatte seinen Sport, und die Kinder waren ja auch noch da«, antwortet sie. »Aber jetzt gibt es nur noch uns.«

»Reicht dir das denn nicht?«, fragt er.

»Es ist mir zu wenig. Ich merke jetzt einfach, wie fern wir uns in vielem sind. Ganz ehrlich, wenn es jetzt mit uns noch mal was werden sollte, dann müssten wir uns eben noch mal ganz neu finden«, sagt sie da.

»Jetzt fängst du schon wieder damit an«, blafft er genervt zurück. »Wir sind seit über dreißig Jahren ein Paar, was willst du da noch Neues finden?«

»Er denkt, das läuft jetzt bei uns zu Hause so weiter, wie es bei ihm immer im Büro gelaufen ist: In seinem Job war vieles Routine, mittags gab es was Warmes in der Kantine, und die Termine wurden vom Büro gemacht. Er scheint zu glauben, dass er jetzt zu Hause auch für die Routine zuständig ist und ich fürs Essen und die Termine. Vergiss es! Das ist leider ein großer Irrtum, Schatz.« Sie wirft ihm einen ironischen Blick zu.

Ich schaue den Mann an. »Sie haben jetzt einen neuen Job. Ihre Frau will leben. Da kommen Sie mit Routine nicht mehr weiter.«

Sich als Paar wieder finden

Die beiden haben sich im Laufe der Jahre und Jahrzehnte in eine ganz selbstverständliche Rollenverteilung gefügt, die von Beruf und Familie vorgegeben war. Dadurch haben sie sich mit den Jahren im Alltag aus den Augen verloren und nur noch eine unverfängliche Minimalbeziehung geführt, wie sie sich bei vielen Paaren im Laufe der Jahre und Jahrzehnte einschleicht. Das Paarsein fand, wenn überhaupt, nur noch nebenbei statt.

Doch jetzt, wo die alten Strukturen wegbröckeln, gilt es, das Paarsein neu zu entdecken. Da bleibt erst mal nichts anderes übrig, als sich einzugestehen, wie viel Distanz und Nichtwissen da sind. Beim späten Neubeginn sind beide so nackt wie am Anfang, aber nicht mehr so jung. Es gibt nichts mehr zu erstreben, die Kinder sind aus dem Haus, der Job gemacht, der Garten bestellt. Das Leben geht in eine neue Phase, und die hat mit Abschiednehmen und Loslassen, aber unbedingt auch mit Noch-mal-etwas-Wagen zu tun. Auch jetzt braucht es Lebendigkeit und Neugierde. Beide befinden sich in einem Übergang.

Gestalten Sie das Leben, das noch vor Ihnen liegt

Gestehen Sie sich ruhig ein, wenn Sie nicht gleich wissen, wie Sie mit der neuen Phase umgehen sollen. Aber entscheiden Sie sich, wach zu bleiben und die Verantwortung für das eigene Glück zu übernehmen. Es liegen noch viele

Jahre vor Ihnen, vielleicht Jahrzehnte. Die gilt es zu gestalten.

Während Sie bisher vielleicht hauptsächlich von außen gefordert waren, sind Sie jetzt jeder auf sich zurückgeworfen. Es gibt für diesen späten Lebensabschnitt nicht viele Vorbilder. Sie können jetzt nur aus sich selbst heraus neue Inhalte definieren. Dabei kommen Sie nicht umhin, sich noch mal neuen Herausforderungen zu stellen, wenn Ihr Leben nicht in bedeutungsloser Monotonie untergehen soll.

In dieser Phase geht es auch um die Frage: Was will das Leben noch von mir, und was will ich beziehungsweise wollen wir als Paar noch vom Leben? Jetzt sind Sie ja an dem Punkt, an dem Sie vielleicht lange ankommen wollten. Sie müssen nichts mehr tun und nichts mehr erreichen. Aber wer hält das schon aus?

Ich kann Ihnen nur sagen: Wenn Sie das gerade lesen, ist es ziemlich egal, ob Sie vierzig oder siebzig sind. Sie sind immer zu jung, um einfach in Routine zu erstarren und nebeneinanderher zu leben. Und es ist nie zu spät, sich noch mal herauszufordern, sich dem anderen noch mal anzunähern und gemeinsam einen Neuanfang zu wagen.

Egal was Sie alles erreicht und geschafft haben – wirklich erfüllend wird Ihr Leben nur dann, wenn Sie gelernt haben, sich selbst nahe zu sein. Nur wer dazu in der Lage ist, der kann auch anderen Menschen nahe sein.

 ## MEIN TIPP FÜR SIE

Überprüfen Sie Ihr Leben und Ihren Alltag und nehmen Sie nichts einfach als gegeben hin. Machen Sie es anders, als Sie es bisher gemacht haben. Gerade wenn Ihnen die Routine zu viel wird und sie Sie erdrückt, sind Sie aufgefordert, aktiv aus Ihrem gewohnten Trott auszusteigen, etwas Neues für sich zu finden und dem nachzugehen.

Warten Sie nicht darauf, dass der andere für die Aufregung in Ihrem Leben sorgt. Und hören Sie auf, es ihm gemütlich zu machen! Wenn Sie nach dem Ende Ihrer Berufstätigkeit froh sind, dass Sie nicht mehr unter dem gleichen Druck weitermachen müssen, so heißt das nicht, dass Sie jetzt nur noch alle viere von sich strecken. Sie sind vielmehr gefordert, einen eigenen, gesunden Rhythmus und neue Herausforderungen zu finden, die Sie wach halten und Ihnen Spaß machen.

Jetzt ist die Zeit, sich und den Partner noch mal neu zu entdecken, sich einander mehr zuzuwenden. Wenn Sie für den Moment nicht wissen, wie, macht das nichts. Dann reden Sie darüber, lassen Sie sich auch einfach mal mitreißen, wagen Sie etwas Neues, auch wenn Sie nicht wissen, was dabei rauskommt.

Endstation kalter Krieg

Sie: »Du bist doch mit deiner Firma verheiratet.«
Er: »Zu Hause fühle ich mich selten willkommen.«

Die Frau kommt herein. Er bleibt einen Schritt zurück. Muss noch ein Telefonat beenden. »Sicher die Firma!«, sagt sie, als wollte sie sich für ihren Mann entschuldigen. Als er sich setzt, legt er seine beiden Handys vor sich auf den Tisch.

»Können Sie die ausmachen«, bitte ich ihn.

»Das geht nicht. Ich erwarte noch zwei wichtige Anrufe«, entgegnet er.

»Tun Sie sich doch den Gefallen und machen Sie in der Zeit, in der wir hier miteinander reden, das Handy aus.«

»Eigentlich können Sie schon erkennen, warum wir hier sind«, sagt sie da, »so geht es immer mit ihm. Ich habe schon seit Jahren das Gefühl, mein Mann ist mit seiner Firma verheiratet. Selbst bei der Geburt unseres ersten Kindes hat er plötzlich den Kreißsaal verlassen. Und weswegen? Wegen der Firma.«

»Ja, das stimmt, das ist wahr. Das muss ich wirklich versuchen zu ändern.«

»Versprechungen macht mein Mann gern«, sagt sie, »aber am Ende siegen immer seine Mitarbeiter, seine Handys und seine Computer. Und selten unser gemeinsames Zuhause.«

»Das ist auch der letzte Platz, wo ich mich willkommen fühle«, erwidert er. »Ständig kommen Leute zu Besuch, oder wir sind irgendwo eingeladen. In jedem Zimmer läuft der Fernseher, jeder isst, wann er will. Wenn ich nach Hause komme, herrscht überall Chaos. Und wenn ich früher mal gesagt habe, dass mir das nicht gefällt, und meine Frau gebeten habe, daran doch mal was zu ändern, dann hat sie mich ignoriert.«

»Wie geht es Ihnen, wenn Sie das hören?«, frage ich sie.

»Mir geht es nicht besser als ihm – nur umgekehrt: Wenn er da ist, fühle ich mich total kontrolliert. Jede Spontanität und Lebendigkeit erlahmt dann schlagartig in unserer Familie. Es ist, als ob ein Aufseher nach Hause kommt. Alle sollen die Hacken zusammenschlagen, und alles hat zu funktionieren. Ich bin dann froh, wenn Freunde zu Besuch sind. Dann ist da noch ein bisschen Leben.«

Die beiden sitzen da wie zwei müde Krieger, die sich seit Jahren aneinander abkämpfen. Allerdings nicht laut und offensiv, sondern leise und subtil. Keiner von beiden fühlt sich vom anderen gesehen. Keiner hat den Eindruck, der andere gehe auf ihn ein. Doch keiner zeigt dem anderen, wie müde, einsam und resigniert er ist, wie sehr ihm Nähe und Verständnis fehlen.

»Sagen Sie mal, streiten Sie eigentlich manchmal zu Hause offen. Oder weint einer von Ihnen schon mal aus Verzweiflung?«, frage ich.

Da antworten beide wie aus der Pistole geschossen: »Das hat doch sowieso keinen Sinn.«

Gleichgewicht des Schreckens

Das ist ein Schicksal, das unzählige Paare ereilt – sie bleiben in einem Machtkampf stecken und erstarren in ihren entgegengesetzten Positionen. Ein Machtkampf muss nicht laut sein. Er kann sich still und leise über Jahre, ja sogar Jahrzehnte hinziehen. Wenn zwei nicht mehr streiten, heißt das nicht, dass da Friede eingekehrt wäre. Das ist vielmehr häufig schon die Phase nach dem Krieg, wenn die Fronten vollkommen verhärtet sind und beide auf ihren Vorstellungen vom Leben beharren. Auch wenn die offenen Auseinandersetzungen weniger werden, dafür aber jeder immer mehr sein eigenes Ding durchzieht, dann ist das für beide extrem kräfteraubend und vergiftend für die Partnerschaft. Da sollte man sich nichts vormachen.

Das war auch bei diesem Paar so: Statt Wünsche zu äußern, ist er mit der Zeit immer kontrollierender geworden. Statt sich mit ihrem Mann auseinanderzusetzen, lenkt sie sich ab und flüchtet sich in Geselligkeit. Auch wenn es für jeden der beiden so scheint, als sei der andere immer ignoranter bzw. dominanter geworden, so sind Flucht und Druck in Wahrheit doch beides Zeichen von Unsicherheit. Keine Strategie ist besser oder schlechter als die andere – in unsicheren Zeiten und Gefilden hat einfach nur jeder seine eigenen gewohnten Überlebensstrategien.

Der schnellste Ausweg aus einem Machtkampf ist es, genau das zu erkennen: Mein Partner ist genauso festgefahren, verunsichert und hilflos wie ich. Wir sind beide gefangen, und keiner kommt auf seinem Weg allein zum Ziel. Schauen Sie ehrlich hin und erkennen Sie, dass Sie im Machtkampf immer zusammen auf einer Wippe sitzen: Wenn der eine oben ist, ist der andere unten. Wenn der eine klammert, hat er meist einen Partner, der zum Flüchten neigt. Wenn der eine immer wieder Druck ausübt, versandet er oft bei einem Gegenüber, das lieber ausweicht und verdrängt.

Vom anderen lernen

Es gibt kaum eine Beziehung, die nicht irgendwann mal eine Phase des Machtkampfs durchmacht. Die meisten Partnerschaften landen immer wieder im stillen Stellungskrieg. Das ist eigentlich nicht schlimm, denn der Machtkampf kann einen von der Rechthaberei befreien und die eigene Sicht auf das Leben erheblich erweitern. Vorausgesetzt, man kapituliert, verneigt sich voreinander und erkennt, dass das Beharren und Erstarren auf einem einzigen Fundament basiert: Angst. Diese Kapitulation hat nichts mit klein beigeben zu tun. Es geht darum, über die eigenen engen Grenzen hinauszuwachsen und zu erkennen, dass es viele Wege gibt, mit dem Leben umzugehen.

Hören Sie auf, dem anderen zu beweisen, dass Ihr Weg der richtige ist. Wie wäre es stattdessen mit der Einsicht, dass Sie einiges voneinander lernen können? Keine Sorge, Sie sollen jetzt nicht genauso werden wie Ihr Partner. Sie können nur etwas von ihm in Ihr Repertoire integrieren und es damit erweitern. Wenn er immer flüchtet, klammern Sie nicht länger. Lernen Sie, bei sich zu bleiben und auch mal den eigenen Weg zu gehen. Wenn sie so chaotisch ist, während Sie immer alles unter Kontrolle haben, dann können Sie das Loslassen lernen.

Wenn Sie sich wieder aufeinander einlassen, dann kommt jeder in unsichere Gefilde, in denen er sich noch nicht so auskennt. Da geht es dann darum, auch mal um Hilfe zu bitten und sich verletzlich zu zeigen, auch wenn das bedeuten kann, womöglich verletzt zu werden. Wenn Sie den kalten Krieg beenden und wieder aufeinander zugehen, dann ist das Wachsen erst mal eine wackelige Angelegenheit. Beide bewegen sich wie auf rohen Eiern. Aber seien Sie sich sicher – Sie haben instinktiv irgendwann einmal genau diesen Partner ausgewählt, weil er Sie zum Wachsen herausfordert. Und dazu ist Partnerschaft da.

Was wäre, wenn ...?

»Sagen Sie mal: Was wäre eigentlich, wenn Sie zwei Tage lang nicht ans Handy gehen, Ihren Computer ausgeschaltet lassen und nur sich selbst zu Hause aushalten würden?«, frage ich ihn.

Und an sie gerichtet: »Was wäre, wenn Sie einmal versuchen, seine berufliche Leistung von Herzen anzuerkennen?«

Wieder an ihn: »Wie wäre es, wenn Sie mal zu Hause wären und allen ganz aufmerksam zuhören würden? Einem nach dem anderen. Haben Sie Ihre Kinder schon mal gefragt, was sie sich von Ihnen wünschen?«

Erneut an sie: »Können Sie sich vorstellen, Ihren Mann mal zu fragen, was er sich wünscht?«

»Dann will er wieder mit mir ins Bett, und das kann ich nicht«, sagt sie.

»Bitte reduziere nicht alles aufs Bett. Ich weiß gar nicht mehr, wie es ist, dir mal nahekommen zu können.«

»Wie lange gibt es schon keine Nähe mehr zwischen Ihnen?«, frage ich.

»Lange«, sagen beide.

»Trauen Sie sich denn noch, den Weg dahin zurückzugehen?«

Stille. Beide nicken.

An diesem Tag kommt bei dem Paar vieles auf den Tisch. Tränen fließen, und manchmal haben er und sie sogar den Mut, einander für einen Moment still in die Augen zu schauen. So stark und unterschiedlich die beiden Charaktere äußerlich auch scheinen – jeder muss sich eingestehen, dass er sich in der Ehe schon lange ohnmächtig und allein fühlt.

Wir betrachten noch eine Reihe von Aspekten ihrer Partnerschaft, und es wird deutlich: Wenn die beiden wirklich wollen, dann gibt es nur eine Chance – es braucht eine ernstzunehmende Verpflichtung von jedem Einzelnen sowie die Bereitschaft, wieder auf den anderen zuzugehen, sich wieder mehr für die Partnerschaft zu engagieren und den Alltag zu verändern. Und das geht nur mit viel Üben, klaren neuen Spielregeln und einer konstanten professionellen Begleitung.

Ich kann diesem Paar am Ende nur sagen, was ich so vielen Paaren sage: Nach gemeinsamen Jahren und Jahrzehnten sollten sie nicht auf eine überraschende Rückkehr von Verliebtheit hoffen, sondern sich aktiv für die Liebe engagieren. Und wenn sie wirklich ihre Partnerschaft nachhaltig verändern wollen, müssen sie ihr Leben ändern. Beides beginnt mit kleinen bewussten Schritten.

 MEIN TIPP FÜR IHN

Wenn auch Sie nicht ohne Ihr Handy oder Ihren Computer können, kann ich Ihnen nur empfehlen, beim nächsten Abend zu Hause das Handy und den Computer ganz bewusst mal ausgeschaltet zu lassen. Und zwar vor allem um Ihrer selbst willen. Beobachten Sie sich, inwieweit Sie es ohne mediale Zerstreuung aushalten können. Nur mit sich. Die Kraftquelle, die Sie sich auf diese Weise erschließen, kommt nicht nur Ihnen, sondern auch Ihrer Frau und Ihrer Familie zugute.

MEIN TIPP FÜR SIE

Wenn Sie unter der Berufsbesessenheit des Partners leiden, dann fragen Sie nach, versuchen Sie, sich für sein Leben und sein berufliches Tun zu öffnen, aber auch konsequent neue Regeln aufzustellen: Im Urlaub und zu Hause gibt es fest vereinbarte Handy- und Computerzeiten.

MEIN TIPP FÜR BEIDE

Trauen Sie sich, Ihre Wünsche und Bedürfnisse auszudrücken, und fragen Sie umgekehrt auch nach denjenigen Ihres Partners.

Wenn nichts mehr geht:
Mut zur Trennung

Sie: »Ich bin nicht deine Therapeutin.«
Er: ...

Als seine Frau ihn wegen eines anderen verlassen hatte, stand er vor einem Abgrund. Wie sollte das gehen: er allein mit zwei kleinen Kindern, denen er unmöglich die Mutter ersetzen konnte? In dieser Zeit wurde eine Kollegin seine wichtigste Vertraute. Bei ihr konnte er so sein, wie er sich fühlte: verloren, seiner Basis beraubt. Er konnte bei ihr weinen oder einfach nur schweigen. Sie war für ihn da.

Irgendwann kamen sie sich näher. Sie zog für ihn aus ihrer geliebten Stadtwohnung aufs Land, kümmerte sich um seine Kinder und fing ihn auf, wenn er mal wieder in das große Loch fiel, das ihn von Zeit zu Zeit zu überwältigen drohte.

»Herr Zurhorst. Das ist jetzt mein letzter Versuch. Sie müssen ihm einfach mal erklären, was da bei uns so schiefläuft«, platzt es aus ihr heraus, als sie beide vor mir sitzen.

»Gibt es denn etwas, was Sie erklärt haben wollen?«, frage ich ihn.

»Ich habe keine Frage«, sagt der Mann und verschränkt die Arme vor der Brust, »ich weiß sowieso nicht, was das Ganze hier soll.«

Für einen kurzen Moment ist sie sprachlos.

»Na super, damit wäre hier ja alles wie zu Hause. Er bewegt sich einfach keinen Millimeter«, erwidert sie sichtlich enttäuscht.

Ich versuche es noch mal: »Gibt es irgendetwas, was Sie ändern möchten, was Sie so nicht mehr aushalten?«

»Sie sollte aufhören, immer was zu tun, und mich einfach nur mal in Ruhe lassen. Sie hat ein Problem. Ich brauche das alles hier nicht.«

»Tja, dann kann ich wohl nichts für Sie tun«, sage ich zu ihm und zu ihr: »Und Sie wohl auch nicht.«

Stille.

»Siehste«, sagt er, »ich habe dir doch gleich gesagt, dass das nichts bringt.«

Sie fängt an zu weinen, und alles bricht aus ihr heraus. »Ich habe alles für ihn gemacht. Mich um seine Kinder gekümmert, den Haushalt geführt, ihm den Rücken freigehalten. Die paar Einladungen, die wir hatten, die habe ich organisiert. Ich war jedes Wochenende allein zu Hause, wenn er sich auf sein Rad gesetzt hat. Ich habe die ganze Zeit den Sex mitgemacht, obwohl ich ihm gesagt habe, dass ich immer weniger spüre. Hundertmal habe ich versucht, mit ihm zu reden, habe ihm Ihre Bücher gegeben, habe selber eine Therapie angefangen, habe ihm immer wieder gesagt, er muss mal auf seine Herkunftsfamilie schauen und dass er endlich mal selber klären muss, was in seiner Kindheit alles schiefgelaufen ist. Ach, Mist, ich habe mein ganzes Leben für ihn geopfert.«

»Ist angekommen«, sagt er völlig unbewegt.

Ich schaue die Frau an und sage ihr das, was viele Frauen an diesem Punkt nicht hören wollen: »Für Sie ist es allerhöchste Zeit, von ihm loszulassen, und zwar konsequent.

Loslassen und den eigenen Weg gehen

Meine Arbeit zielt ja immer zuerst auf Verbindung, auf das Potenzial in einer Partnerschaft. Tausende Male habe ich gesehen, dass einem Paar noch unendliche Entwicklungsmöglichkeiten und neue Spielfelder zur Verfügung standen, obwohl sich beide gerade wie in einer Sackgasse fühlten. Nicht selten reichte ein Impuls, eine neue Sicht von außen, damit sich dieses Potenzial entfaltete.

Aber manchmal hilft an einem bestimmten Punkt nur ein Nein! Da ist der wichtigste Schritt für die Liebe zu sich selbst der Schritt weg vom Partner. Und man muss sich eingestehen, dass alles gesagt ist. Dass man, wenn man ehrlich ist, nur noch bleibt, um der Angst vor dem Alleinsein auszuweichen. Da ist es allerhöchste Zeit, der Tatsache ins Auge zu schauen, dass hier gerade nichts mehr geht. Dass ein weiteres Bleiben einen nur krank macht, lähmt und irgendwann zerstört.

Gerade Frauen leben oft viel zu lang von der Hoffnung. Klammern sich immer wieder ans Potenzial, obwohl die Realität leer und unerfüllend ist. Wünschen sich, dass sich der andere endlich bewegt. Schenken ihm Bücher, geben ihm wohlmeinende und oft sicher auch richtige Tipps zur persönlichen Entwicklung. Aber warum tun sie das? Weil sie Angst davor haben, selbst in Bewegung zu kommen und die Schritte zu tun, die anstehen, damit es ihnen besser geht.

Viele Menschen haben in ihrer Herkunftsfamilie Bindung nur als Abhängigkeit kennengelernt. Viele haben sich nie richtig abgenabelt. Nie gelernt, für die eigenen Bedürfnisse einzustehen und sich von Menschen, die ihnen nicht guttun, zu distanzieren. Für sie ist es wichtig, dass sie lernen zu gehen, wenn es wehtut, und sich selbst einen guten Platz zu suchen. Für sie ist es wichtig, das Alleinsein zu lernen.

Und oft ist es für einen unbeweglichen Partner wichtig, dass er mal die Koffer vor die Tür gestellt bekommt, damit er endlich aufwacht und berührbar wird. Manchmal ist es das Beste, dass man eine Beziehung, die einen nicht erfüllt, nicht weiter künstlich beatmet, sondern sterben lässt. Möglicherweise erwacht sie danach zu ganz neuem Leben, und der Partner kommt endlich in die Gänge, nachdem sich der andere wirklich von ihm gelöst hat. Manchmal ist aber auch Ende. Das ist dann gut, damit etwas Neues, besser Passendes kommen kann.

 MEIN TIPP

Hand aufs Herz: Ist es schon lange an der Zeit für Sie, endlich einen Schnitt zu machen? Dann müssen Sie sich jetzt gar nicht so sehr aktiv mit Trennung oder Scheidung beschäftigen. Zunächst geht es einfach darum, endlich auf sich selbst zu schauen und nicht mehr auf den Partner.

Lassen Sie Ihren Partner einfach da, wo er gerade ist, und verlegen Sie Ihren Fokus auf Ihre eigenen Ziele. Kümmern Sie sich nicht mehr darum, was er tut oder nicht tut. Machen Sie endlich, was für Sie selbst zu tun ist.

Sie haben alle Hände voll zu tun, wenn Sie Ihr Leben aufräumen

205

wollen: Wohnung suchen. Einen neuen Job beginnen. Zum Tanz-
kurs anmelden. Alte Freunde anrufen, neue Freunde suchen.
Weniger arbeiten, sich mehr mit den Kindern beschäftigen. Oder
mehr arbeiten und endlich von den Kindern loslassen. So kommen Sie auf Ihren Weg.

Wie es auch weitergehen kann

»Mir geht es wunderbar, Herr Zurhorst.« Die Frau, die mich so freudestrahlend auf der Straße anspricht, ist eine ehemalige Klientin. Vor ein paar Jahren waren sie und ihr Mann bei mir in der Praxis. Nach intensiven Gesprächen allein und zu zweit stellte sich heraus, dass für beide eine Trennung die beste Lösung war.

»Erst letzte Woche haben wir den Geburtstag unserer Tochter gefeiert – alle zusammen. Mein Exmann mit seiner neuen Freundin, seine Eltern, meine Eltern. Ja, und es war tatsächlich sehr lustig. Wir haben viel gelacht.«

Eine Trennung kann auch ein Neuanfang miteinander sein

Für mich ist es immer wieder berührend zu erleben, wie eine Trennung für neue Harmonie sorgen kann. Dabei ist die äußere, räumliche Trennung gar nicht der ganz große

Schritt. Entscheidend fürs anschließende Glück und die Befreiung von einer belastenden Beziehung ist die Fähigkeit loszulassen.

Die äußerlichen Rahmenbedingungen zu ändern ist nur die erste Maßnahme, für Anfänger sozusagen. Loslassen ist was für Fortgeschrittene. Ob zusammen oder getrennt, frei werden Sie, wenn Sie sich nicht mehr abhängig von dem Verhalten und den Unzulänglichkeiten des anderen machen – das ist der Trick. Der andere muss nicht so sein, wie man ihn braucht. Das war er nicht, als Sie noch zusammen waren. Und das wird er erst recht nicht sein, wenn Sie getrennt sind. Jetzt geht es darum, dass Sie die Trennung innerlich vollziehen. Dass Sie akzeptieren, dass er oder sie eben nicht so handelt und reagiert, wie es Ihnen ideal erscheint. Dass Sie Wege finden, Ihr Leben, gegebenenfalls mit Ihren Kindern, trotzdem glücklich zu führen.

Natürlich sei das eine schwere Zeit gewesen, für sie und ihren Exmann, aber ganz besonders für ihren Sohn und ihre Tochter. »Es hat schon eine Weile gebraucht, bis wir uns an die neue Situation gewöhnt und das gegenseitige Zerren und Kritisieren aufgegeben haben«, erzählt sie ganz offen. Aber jetzt hätten sie einen guten Weg miteinander gefunden.

»Herr Zurhorst, Sie haben es zwar damals gesagt, aber mir war nicht klar, wie viel ein Paar tatsächlich nach der Trennung noch miteinander zu tun und zu klären hat, wenn es danach noch ein friedliches Miteinander geben soll. Bei uns tat es ja noch mal richtig weh, als es ums Geld ging. Ich bin froh, dass wir es trotz Trennung geschafft haben, in dieser Phase noch einmal zu Ihnen zu kommen.«

Ich erinnere mich noch gut daran. Das Ganze eskalierte, als das gemeinsame Haus verkauft werden musste. In dieser Zeit kam es zu dem Punkt, dass die beiden nicht mehr miteinander reden konnten, ohne dass die Fetzen flogen. In dieser Situation hatten sie sich dann entschieden, noch einmal gemeinsam zu mir zu kommen.

In unserem Gespräch ging es darum, eine Lösung zu finden, in der sich beide respektiert fühlten. »Wenn ich da heute draufgucke, dann erscheint es mir völlig verrückt, wie ich mich damals immer nur als Opfer gefühlt und tatsächlich geglaubt habe, dass an allem nur mein Mann die Schuld trägt«, sagt sie.

Wer sich trennt, braucht meist Geduld. Wenn es gut geht und beide sich aktiv im Loslassen üben, liegen fast immer ein paar Jahre zwischen dem Ende der Partnerschaft und dem Anfang einer Freundschaft. Und dann kann es einem Paar wirklich so gehen wie dieser Frau, die sagt: »Und wissen Sie was, Herr Zurhorst, die neue Freundin meines Mannes, die ist richtig nett.«

 ## MEIN TIPP

Geben Sie sich nicht der Illusion hin, dass die Trennung bereits die Lösung ist. Aber sie ist auch nicht das Ende. Wenn Sie auseinandergehen, gibt es viel Neues zu lernen und eine Menge Altes hinter sich zu lassen.

Schließen Sie innerlich Frieden mit dem oder der Ex. Je weniger Sie auf den anderen schieben und je mehr Sie aus den alten Fehlern lernen, desto größer ist Ihre Chance, dass eine neue Partnerschaft glücklicher wird als die alte.

Unter Frauen

»Viele Frauen sind mittlerweile
auf einem komplett anderen Niveau als die Männer.«

Die eine: »Er versteht das einfach nicht.«

Die andere: »Männer werden es wohl nie verstehen.«

Die eine: »Er kriegt einfach nichts mit.«

Die andere: »Die meisten merken ja schon lange nichts mehr.«

Die eine: »Ist echt mühsam. Ich bin durch vieles durch. Nur er kommt irgendwie nicht mit.«

Die andere: »Ja, seit ich Yoga mache, bin ich total im Reinen mit mir.«

Die eine: »Mir hilft die Meditation. Seit ich die Bücher von XY gelesen habe, habe ich ein ganz neues Bewusstsein für die Dinge.«

Die andere: »Ja, mir hat er auch die Augen geöffnet. Aber das Seminar mit Z hat noch mal für einen echten Durchbruch gesorgt. Nur mein Mann hat von dem Durchbruch leider nichts mitgekriegt.«

Die eine: »Die meisten Männer kriegen irgendwie nichts mit.«

Die andere: »Manchmal komme ich mir vor, als ob ich Eskimosprache rede.«

Die eine: »Das kommt mir irgendwie bekannt vor. Wir haben mittlerweile ein komplett unterschiedliches Vokabular. Wenn ich ihm sage, dass ich mehr Tiefe in unserer Beziehung brauche, versteht er überhaupt nicht, was ich meine.«

Die andere: »Mein Mann hat gar kein Vokabular. Er schweigt.«

Die eine: »Viele Frauen sind mittlerweile auf einem komplett anderen Niveau. Das lässt sich doch gar nicht mehr aufholen, oder?«

Die andere: »Die meisten Männer sind noch nicht so weit.«

Unter Männern

»Meine Frau hat die Wechseljahre
schon hinter sich. Aber der Frust ist geblieben.«

Der eine: »Meine Frau ist permanent gefrustet und hat immer was auszusetzten. Ich verstehe überhaupt nicht, was sie eigentlich will.«

Der andere: »Das kenne ich, meine Frau dreht gerade mehr oder weniger durch.«

Der eine: »Jetzt will sie, dass ich mit zum Yoga-Unterricht komme. Meint, ich sollte endlich meine Mitte finden. Ich bin doch kein Mädchen.«

Der andere: »Der Frust liegt an den Wechseljahren.«

Der eine: »Meine hat die Wechseljahre schon hinter sich. Aber der Frust ist geblieben.«

 MEIN TIPP

Die Gefahr bei solchen Unterhaltungen besteht darin, dass sich die Standpunkte verhärten und das Verständnis zwischen den Beziehungspartnern weiter schrumpft. Lassen Sie es also nicht dabei bewenden, als Frau Ihren Freundinnen das Herz auszuschütten beziehungsweise als Mann Ihren Freunden gegenüber Ihrem Ärger oder Ihrer Ratlosigkeit Luft zu machen.

Suchen Sie das Gespräch mit Ihrem Partner. Für eine gute Kommunikation, ein gutes Miteinander gibt es ein paar einfache Regeln. Sie müssen sie nur aufrichtig beherzigen.

Die acht goldenen Regeln
der Kommunikation

Präsenz

Das erste und wichtigste Gebot der Kommunikation ist die Fähigkeit zuzuhören. Ich meine damit aktives Zuhören. Wenden Sie sich ganz dem anderen zu und seien Sie einfach nur eins: ganz da. Zeigen Sie ihm durch Körpersprache, Haltung und Blickkontakt, dass Sie bei ihm sind. Sie sollten Ihrem Partner den Raum und die Zeit geben, die er braucht. Jedes gute Gespräch benötigt den richtigen Rahmen, in dem sich beide wohlfühlen. Zwischen Tür und Angel ein Grundsatzgespräch zu führen bringt nichts.

Wahrhaftigkeit

Klarheit. Offenheit. Ehrlichkeit. Seien Sie wahrhaftig, zeigen Sie sich. Reden Sie über Ihre Ängste und Ihre Befürchtungen, aber auch über Ihre Träume und Ihre Sehnsüchte. Bleiben Sie bei sich und Ihren Gefühlen. Seien Sie authentisch.

Manchmal gibt es allerdings auch gute Gründe, warum Ihnen ein Gespräch gerade jetzt nicht möglich ist. Dann sollten Sie das auch sagen.

Mitgefühl

Seien Sie empathisch und behandeln Sie Ihren Partner genau so, wie Sie von ihm behandelt werden wollen. Seien Sie offen für seine Bedürfnisse. Vielleicht können Sie es sogar als Bereicherung sehen, dass Ihr Gegenüber eine andere Meinung hat. Versuchen Sie, sich in den anderen einzufühlen und ihm mit Wohlwollen zu begegnen. Nehmen Sie ihn ernst. Zynismus ist in jedem Gespräch fehl am Platz, beleidigter Rückzug ebenso.

Zeit

Unser Alltag ist geprägt von Stress und Hektik. Das Getriebensein hat schon lange Einzug in unsere Familien und Beziehungen gehalten. Manchmal scheint alles andere wichtiger zu sein, als miteinander zu reden. Geben Sie sich und Ihrem Partner die Zeit, die Sie brauchen, die richtigen Worte zu finden. Lassen Sie ihn in Ruhe aussprechen. In einem guten Gespräch darf auch mal geschwiegen werden. Manches braucht Zeit, bis es dort angekommen ist, wo es ankommen soll.

Stille

Stille im positiven Sinn kommt dann auf, wenn das Paar allein ist, wenn die Kinder im Bett sind, wenn nicht mehr übers Wetter geredet oder über die Nachbarn geschimpft wird. Lassen Sie diese Stille zu! Was daraus entsteht, kann der Beginn von echter Kommunikation und Nähe sein.

Ich und du

Was brauche ich? Was fehlt mir? Was wünsche ich mir? Richten Sie den Fokus immer wieder auf sich selbst. Versuchen Sie, sich auf Ihre eigenen Gefühle und Gedanken zu konzentrieren und sie in Worte zu fassen. Vermeiden Sie Schuldzuweisungen wie: »Du bist nie da, wenn man dich braucht«. Besser: »Ich fühle mich manchmal so allein.« Sagen Sie nicht »man« oder »wir«, wenn Sie »ich« meinen, denn damit bleiben Sie auf der unpersönlichen Ebene.

Mut

Haben Sie Mut zum Nachfragen, auch wenn es Ihren Partner erst einmal stören sollte. Fragen Sie so lange, bis Sie ihn wirklich verstanden haben – nicht nur mit dem Kopf, sondern auch mit dem Herzen. Wenn nötig, trauen Sie sich auch ruhig zu sagen: »Mit dem, was du da sagst, kann ich nichts anfangen.« Oder:»Ich weiß im Moment nicht, wie ich es sagen soll.«

Geduld

Nicht jedes Gespräch muss zu einem sofortigen Ergebnis führen. Versuchen Sie den Druck herauszunehmen. Manches kann auch einfach erst einmal so stehen bleiben. Es darf sich entwickeln.

Werden Sie nicht unruhig, wenn Ihr Partner etwas zwei- oder auch dreimal wiederholt. Wahrscheinlich ist es ihm wichtig, und er hat das Gefühl, dass er Sie damit bisher nicht erreichen konnte. Und nehmen auch Sie sich im umgekehrten Fall den Raum, das bereits Gesagte zu wiederholen, wenn Sie sich nicht verstanden fühlen.

Epilog

Aus den Eheanfängen der Zurhorsts

Sie: »Ich habe gerade ein tolles Buch
über Beziehungen gelesen.«
Er: »Aha.«

Die folgende Unterhaltung fand tatsächlich statt:

Sie: »Ich habe gerade ein tolles Buch über Beziehungen gelesen. Ich hab's dir auf deinen Nachttisch gelegt.«

Er: »Aha.«

Sie: »Aha! Da weiß ich doch schon wieder, was das bedeutet: Es interessiert dich nicht.«

Er: »Das habe ich nicht gesagt.«

Sie: »Aber gedacht.«

Er: »Also, ganz ehrlich – es interessiert mich auch nicht. Ich glaube nicht, dass unsere Probleme durch ein Buch gelöst werden können.«

Sie: »Woher willst du das wissen? Du hast es ja nicht gelesen.«

Er: »Das brauche ich auch nicht. Das Ergebnis sehe ich doch vor mir.«

Sie: »Was soll das denn jetzt schon wieder heißen?«

Er: »Warum soll ich diesen ganzen Psychokram lesen? Damit ich genauso verzickt werde wie du? «

Dank

Ich danke den Frauen, dass sie mir Einlass in ihre Welt gewährt haben. Und Tatjana, Sabrina und Eva für ihre praktische Unterstützung. Ich danke den Männern, dass ich einer von ihnen bin.

Ich danke allen Klienten, die mir gestattet haben, ihre Geschichte in dieses Buch aufzunehmen. Ohne sie wäre es nicht so authentisch und nah an der Realität. Zum Schutz der Privatsphäre wurden die Namen verändert.

Für alle, die weitergehen wollen

Ich habe hier viel über meine tägliche Arbeit geschrieben. Falls Sie sich jetzt fragen: Wie funktioniert das denn nun konkret? Wie läuft so ein Paarcoaching ab? Passt das auch für mich?

Meine Arbeit dreht sich darum, Paare bei einer Wiederverbindung und Wiederbelebung ihrer Beziehung zu begleiten, sie aber auch zu Klarheit und Klärung zu ermutigen. Ich verstehe mich nicht als Therapeut, sondern als Impulsgeber. Allein und gemeinsam mit meiner Frau Eva-Maria Zurhorst biete ich Coachings sowohl telefonisch, per Skype oder persönlich an. Besonders kraftvoll ist für viele Paare das Doppelintensivcoaching, das auch den Rahmen für einige der Fälle hier bot. In einem konzentrierten, aber entspannten Rahmen kann das Paar sich mit unserer Begleitung wieder begegnen. Mit erfahrenem Blick auf tiefer liegende Zusammenhänge und Blockaden, aber durchaus auch mit Humor arbeiten wir beide im Wechsel mit jedem einzeln und zusammen als Paar. Dabei bekommen beide sowohl die männliche als auch die weibliche Perspektive – oft aber trotzdem Impulse, die in die gleiche Richtung führen.

Wolfram Zurhorst, geboren 1968, arbeitet als Berufs- und Beziehungscoach. Von Hause aus Kaufmann, begann er seine berufliche Karriere als Manager in führenden Unternehmen der Textilbranche, bis er gemeinsam mit seiner Frau das Projekt »Liebe dich selbst« entwickelte und später das Beratungsbüro Zurhorst & Zurhorst gründete.

Bei den gemeinsamen Auftritten kommt Wolfram Zurhorst die Rolle des schnellen Problemlösers zu. Frauen und Männer lieben seine erfrischende und pragmatische Art, mit Konflikten in der Beziehung umzugehen. Außerdem bringt er in den Beratungen die Perspektive des Mannes in Beziehungsfragen stärker ein und erweitert sie mit einem Fokus auf Berufs und Karrierethemen.

www.zurhorstundzurhorst.com